KB074856

메타노믹스

메타버스 시대 경제 패러다임을 이끌 전략서

메타노믹스

캐시 해클 · 더크 루스 · 토마소 디 바르톨로 지음 | 권보라 옮김 | 김상균 감수

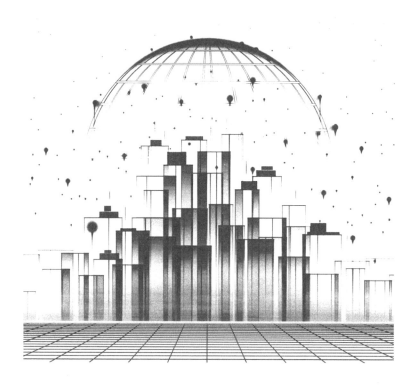

RHK
알에이치코리아

과거는 훌훌 털어버리고,
미래에 집중하세요.
당신은 마법을 일으킬 수 있는 사람입니다.

디지털 경제를 주도하는
메타드리머가 되라!

경제란 인간 욕망의 교환이다. 기원전 3,200년경 메소포타미아 문명에서 돈의 원형이 나타나면서부터 인류는 욕망을 돈으로 치환해서 저장하기 시작했다. 오늘 상대의 욕망을 채워주며 돈을 받고, 내일 그 돈으로 내 욕망을 채우는 시스템을 인류는 만들어왔다. 돈이 등장하기 이전에도 물물교환을 통해 인류가 교환한 대상은 결국 서로의 욕망이다. 인류가 만나는 공간, 시간에는 늘 이런 욕망의 교환이 있었고, 나는 이를 경제의 본질이라 여긴다.

인류는 이제 물리적 현실을 넘어서서 디지털 현실인 메타버스를 향하는 원대한 이주의 여정을 시작하고 있다. 인류가 머무르고 융성했던 공간과 시간에는 늘 경제가 꽃을 피웠듯이 메타버스에서도 새로운 경제는 이미 시작되었고, 지금 이 순간에도 예측하기 어려운 방향으로 그 규모가 커가고 있다. 메타버스 경제의 핵심 요소 중 하나인 암호화폐를 놓고 보면, 2021년 기준으로 미국 인구 중 20% 정도인 5,910만 명 정도가 암호화폐를 보유하고 있다. 메타버스 경제에 빠져든 이가 극소수라고 하기는 어려운 상황이다. 보유자가 많은 국가는 미국, 중국, 필리핀, 인도, 태국, 인도네시아, 러시아, 브라질, 영국으로 거론된다. 특정 국가에서만 발생하는 상황도 아니다.

　메타버스의 경제적 영향력, 중요성이 커지는 와중이지만, 애석하게도 메타버스 속 경제를 선명하게 그려내는 책이 아직은 매우 부족하다. 암호화폐, NFT의 특성과 현황을 다룬 서적은 국내외에 적잖게 나와 있으나, 경제 시스템을 이야기하는 책은 드물다. 이런 상황에서 필자는 이 책의 탄생이 몹시 흥미로웠다. 메타버스에 관한 다양한 인사이트를 쏟아내는 캐시 해클, 업랜드를 만들어낸 더크 루스, 토마소 디 바르톨로가 메타버스 시대의 경제를 어떻게 풀어낼지 궁금했다. 감수자의 관점에서 이 책을 살펴본 필자의 판단은 이렇다. 암호화폐, NFT, 메타버스의 기본 개념, 현황을 소개한 기존 서적들과는 명확하게 차별되는 점이 있다. 경제를 구성하는 재화, 소비자, 공급자 및 비즈니스 모델 측면에서 메타버스 경제의 특성을 저자들의 실무 경험과 이론적 배경을 잘 버무려서 이해하기 쉽게 잘 풀어내고 있다. 즉, 단순히 기술과 현황을 소개하는 책이 아니다.

　이 책은 메타버스에 관해 독자가 기본적인 부분을 이해하고 있다는 가정으로 내용을 풀어가고 있으나, 1장에서 메타버스의 핵심적인 속성을 간결하게 잘 짚어주고 있다. 다만, 독자 스스로 메타버스에 관한 배경지식이 부족하다고 느낀다면, 시중에 나와 있는 메타버스 서적을 곁들여서 보면 좋을 듯하다. 2장부터는 경제의 관점에서 메타버스에서 재화와 소비의 흐름을 설명하고 있으며, 최종적으로 메타버스 내에서 재화를 생산하고 비즈니스 모델을 구축하는 방법까지 안내하고 있다. 이 과정에서 여러 가지 논점을 얘기하고 있으나, 평상시 필자가 품고 있던 생각과 깊게 닿은 부분을 한 가지만 꼽자면, 메타버스에서 경제 주체의 역할이 크게 달라진다는 점이다. 물리적 현실에서 우리의 경제 활동은 크게 양분되었다. 직장을 중심으로 생산자의 역할을 하고, 거기서 얻는 돈을 갖고 일상에서 소비자로 활동한다. 온라인에서의 활동을 보면, 개인의 활동 영역에 따라 매우 다양한 디지털 콘텐츠를 생산했다. 그러나 각자가 생산한 디지털 콘텐츠에 관한 소유권은 플랫폼 사업자들이 독점했다. 일례로, 각종 소셜미디어 플랫폼에 수억 명이 참여해서 하루에도 수십억 개의 콘텐츠를 생산하고 있으나, 그러한 콘텐츠를 통해 광고 수익을 올리는 주체는 플랫폼 사업자다. 콘텐츠 생산에 참여한 개인이 소득을 올리는 경우는 상대적으로 매우 적은 편이며, 소득을 올린다고 해도 콘텐츠에 관한 원천 소유권을 개인이 가진 경우는 더욱 드물다. 이러한 구조를 흔히 웹 2.0이라 칭한다. 그러나 메타버스는 웹 3.0의 철학을 품고 있다. 디지털 현실을 살아가는 모든 이들이 자신의 콘텐츠, 재화를 생산하고 직접 소유할 수 있는 방향으로 진화하고 있다. 요컨대, 개인이 더 많은 것을 생산하고 소유할 수 있는 구조로 경제가 바뀌고 있다. 이 책은 이렇게 경제의 패러다임이 바뀌는 과정에서 사업을 만들고 이끌려는 이들이 무엇을 이해해야 할지, 어떻게 실천해야 할지를 풀어내고 있다.

덧붙여, 이 책을 접하는 독자들이 오해하지 않았으면 하는 부분을 두 가지만 얘기한다. 첫째, 책의 방향성, 규모에 관한 부분이다. 혹시 경제학을 공부해본 사람이라면, 필독서로 참고했던 책이 있으리라 본다. 미국 경제학자인 그레고리 맨큐가 저술한 경제학 개론서인데, 국내에서는 흔히 《맨큐의 경제학》이라고 불리는 책이다. 분량을 놓고 보면, 《맨큐의 경제학》에 담긴 텍스트는 이 책과 비교할 때 대략 대여섯 배에 달한다. 이 이야기를 하는 이유는 이 책이 경제학 서적은 아니라는 것이다. 이 책은 경제학의 기본 배경을 다루고 있지 않다. 경제에 관한 기본 배경이 있는 이들에게 메타버스 경제를 풀어내는 접근이다. 그렇다고 해서, 경제학의 기본 배경이 없는 독자가 이 책을 읽기에 큰 무리가 있지는 않다. 다만, 기본적 경제학 서적을 곁들인다면 내용을 좀 더 깊게 소화할 수 있으리라 기대한다. 그리고 기존 경제학의 관점으로 볼 때 이 책에서 얘기하는 메타버스와 관련된 경제는 거시경제보다는 미시경제에 가깝다. 또한, 메타버스 경제가 물리적 현실의 실물 경제와 연결되는 과정에서 발생하는 현상에 대해서 깊게 논의하고 있지는 않다. 그렇기에 독자 스스로 경제학에 관한 지식을 좀 더 쌓는다면, 이 책에서 설명하는 내용을 더 넓게 해석할 수 있으리라 본다.

둘째, 메타버스 경제가 장밋빛만으로 가득 차지는 않았다는 점이다. 환경적인 면을 보면 이렇다. 비트코인 채굴을 위해 소비되는 전력은 2022년 기준으로 전 세계 소비 전력의 0.4%를 차지한다. 이 과정에서 발생하는 이산화탄소는 2,200만 톤을 넘는다. 수치상 스리랑카의 연간 이산화탄소 배출량과 맞먹는 규모다. 메타버스에서 생산, 소비되는 재화들은 땅에서 채취한 원재료를 가지고 물리적 공장에서 만들어지는 방식이 아니기에 무조건 친환경적이리라 짐작하는 경우가 흔하다. 일례로, 10만 명의 사람이 시청 앞 광장에 모여서 축제하는 경우와 메타버스 속 광장에 모여서 축제하는 경우가 있다면, 두 방법이 각각 어느 정도 환경에 영향을 주는지 아직 구체적인 연구 자료가 매우 드물다. 환경과 시간을 놓고 지구의 장기적 가치를 높인다는 목적으로 경제를 바라본다면, 메타버스 경제가 물리적 현실 경제보다 반드시 더 이롭다고 단정하기에는 근거가 부족하다.

산업혁명이 촉발했던 18세기 후반, 19세기 이전까지 아프리카, 남미, 북미, 유럽 지역의 국가별 GDP Gross Domestic Product(국내 총생산) 증가율은 큰 차이가 없었다. 현재 관점으로 보면, 모든 국가가 서로 공평하게 못 살았던 시대다. 그러나 도구를 만들고 활용하는 인간, 호모 파베르Homo Faber의 접근으로 다양한 산업화 도구의 제작과 활용에 집중한 미국, 서유럽의 GDP 증가율은 다른 지역 국가들을 압도하며 가파르게 증가했다. 전화, 전구, 비행기, 반도체, 인터넷, 광섬유 등 현대 문명을 대표하는 도구들은 모두 그런 과정에서 만들어졌다. 인류 역사를 1미터 정도의 그래프로 요약한다면, 우리가 사용하는 도구와 기술의 대부분은 마지막 1밀리미터 안에 그려지는 셈이다. 필자는 산업혁명을 능가하는 거대한 파도가 빠른 속도로 다가오고 있음을 느낀다. 물리적으로 존재하는 공간에서 새로운 물리적 도구를 만들면서 경제의 판도를 바꿨던 시대가 산업혁명기라면, 메타버스는 공간과 도구를 함께 창조하는 시대를 열어가고 있다. 물리적 현실이 아니기에 그 다양성과 규모는 자연과 인간의 한계를 초월할 수 있다. 따라서 그 속에서 만들어지고 성장하는 경제의 모양과 규모를 기존과 단순히 빗대거나 비교하기는 어렵다. 바로 이 부분에 엄청난 기회가 존재한다. 이 책을 거머쥔 모든 독자가 그런 엄청난 기회를 함께 거머쥐기를 기대한다. 디지털 현실을 곁에서 바라보는 관찰자가 아니라, 그 경제를 주체적으로 만들어가며 자신의 꿈을 실현하는 메타드리머Meta-dreamer가 되길 소망한다.

김상균

인지과학자, 경희대 교수,《메타버스》저자

개방형 메타버스는
이제 피할 수 없는 미래다

2021년 10월 28일, 페이스북Facebook은 이름을 메타Meta로 바꾸면서 메타버스 회사로 발돋움하겠다는 포부를 밝혔다. 메타버스의 반짝이는 등장 속 가상의 존재에 대한 아이디어에 매료되어 세상은 당황하면서도 동시에 흥분했다. 그러나 페이스북/메타에 의해 알려진 개념은 이 책의 저자를 포함한 일부 사람들에게는 이미 현실이었다.

진정한 디지털 재산권이 등장한 이후로 이미 수년간 메타버스의 세상에서 숨을 쉬던 사람들이 있다. 엑시 인피니티Axie Infinity, 디센트럴랜드Decentraland, 업랜드 및 샌드박스The Sandbox와 같은 게임 세계의 사용자에게 제공되는 소유권인 암호화 토큰, 특히 NFT로 인해 가능해진 자산 소유권에 대한 이야기를 해보고자 한다.

크립토키티CryptoKitties가 처음 NFT를 대중에게 소개한 지 4년이 더 지난 오늘날에도 여전히 NFT를 제대로 이해하지 못하는 사람이 많다. 사람들은 대부분 이 기술이 정보화 시대를 오랫동안 지배해온 운영자 중심의 구조를 완전히 뒤집어놓을 수 있다는 사실을 알지 못한다. 그리고 이 단어를 읽는 동안 일어나는 엄청난 변화 또한 인식하지 못한다.

이는 개방성, 소유권 그리고 사용자 관리 방식을 기반으로 이루어진 변화며, 지금까지 우리의 디지털 생활을 지배했던 폐쇄적이고 독점적인 시스템을 폐기하는 변화이기도 하다. 개방형 메타버스는 이제 피할 수 없는 미래다.

이 책은 사용자가 디지털 자산에 대한 소유권과 그 거래를 즐기는 일련의 세계, 사용자가 만들고 사용자를 위해 만들어질 무수한 창작물이 바로 재산권을 기반으로 만들어지는 방대한 온라인 생태계인 개방형 메타버스를 최초로 정의하는 책 중 하나가 될 것이다.

이 주제에 전문가인 저자들은 메타버스 내 다양한 기회로 당신을 안내할 것이다. 메타버스는 1990년대 후반 월드 와이드 웹World Wide Web의 부상이나, 스마트폰이라는 개인용 컴퓨팅 기기의 등장만큼이나 중요한 기회다. 만약 이러한 혁명을 놓치고 살아왔다면, 이 책이 이제 혁명의 한가운데 참여할 수 있는 기회가 되어줄 것이라 확신한다.

이 책에는 폐쇄형 메타버스에서 만들고, 일하고, 살아가는 내용도 다룬다. 폐쇄형 메타버스는 페이스북 및 기타 많은 폐쇄형 플랫폼이 시장 점유를 유지하기 위해 선택하는 독점적인 중앙 집중식 환경이다.

결국에는 블록체인과 NFT 및 DAO(탈중앙화 자율 조직), 암호화라는 각각의 퍼즐 조각이 모여 어떻게 디지털 역사에 의미 있는 한 획을 긋는, 진정한 개방형 메타버스가 이루어지는지 설명할 것이다.

얏 시우Yat Siu,
애니모카Animoca 그룹 회장

메타버스 경제라는
새 시대가 도래했다

시작은 모노폴리Monopoly 게임이었다. 세 명의 친구들은 산타클라라Santa Clara의 밤이 깊어가는 동안 오래된 판자 위로 주사위를 던지고, 분홍색, 파란색 지폐를 주고받았다.

　게임은 그들이 어릴 때 하던 것과 똑같이 진행되었다. 시작하면서 땅을 사고, 동맹을 맺고, 감옥에 갇히는 것을 싫어하고, 빨간색 호텔이 세워진 땅에 도착하면 큰돈을 냈다. 그러다 갑자기 한 친구가 'NFTNon-Fungible Token', 즉 대체 불가 토큰을 들어본 적이 있는지 물었다. 한 친구는 어깨를 으쓱했다. 다른 친구는 괜히 말 돌리지 말고 통행료나 내놓으라 했다. 2018년이었다. 크립토펑크CryptoPunk NFT는 수백만 달러에 거래되지 않았고, 스눕독Snoop Dogg도 앞으로 3년간은 NFT 인플루언서인 코조모 메디치Cozomo de' Medici로 활동하지 않을 것이다. NFT는 별로 중요하지 않았다.

　게임이 진행되면서 그들은 NFT 이야기를 더 많이 하기 시작했다. 잘 알지는 못했지만 블록체인으로 뒷받침되는 디지털 자산을 진정으로 소유한다는 개념은 흥미로웠다. 바로 거기에서 모노폴리 형식의 자산 수집, 블록체인 게임 및 NFT를 결합한 업랜드Upland 메타버스가 탄생했다.

지금은 별로 특별하게 보이지 않지만 2018년에는 메타버스가 오늘날만큼 유명하지 않았다. 그 당시 블록체인 게임을 출시하는 것은 미친 짓이었다. 생각해보자. 3명의 실리콘 밸리Silicon Valley 기업가는 100년 전통의 자산 관리 보드게임을 기반으로 하는 모바일 게임으로 비디오 게임 및 소셜 미디어와 같은 수십억 달러 규모의 산업을 뒤집어놓을 수 있다고 생각했다. 결과적으로 그들은 주목받았을 뿐 아니라 대부분의 사람들보다 몇 년 앞서 있었다. 몇 년 전만 해도 NFT와 메타버스는 전혀 눈에 띄지 않았다. 블록체인 게임의 신뢰성을 제공했다고 평가받는 크립토키티는 2017년 처음 출시되었다. 가장 유명한 NFT 마켓 중 하나인 오픈시OpenSea도 2017년에 열렸다. 갑자기 유행했던 또 다른 블록체인 게임인 엑시 인피니티는 2018년에 출시되었다. 오늘날에는 마크 저커버그Mark Zuckerberg 부터 10대, 스눕독에 이르기까지 모든 사람들이 NFT와 메타버스 이야기를 하는 것을 볼 수 있다.

그렇다면 업랜드 설립자들은 어떻게 메타버스가 그렇게 커질 것이라고 예상했을까? 힌트가 필요한가? 이미 언급했지만, 바로 소유권이었다.

모노폴리는 수백 가지 종류가 있고 수많은 언어로 번역되었으며 심지어 기기에서 가상으로도 할 수 있다. 모노폴리가 이토록 전 세계적으로 환영받는 이유는 무엇일까? 확률과 기술이 잘 맞아떨어졌기 때문일까? 이기는 요령이 있는 사람들은 그럴지도 모른다. 그러나 우리는 소유라는 강력한 개념, 즉 부를 축적한다는 개념이 우리 모두의

내면 깊은 곳에 있는 가려움을 긁어주기 때문이라고 생각한다. 자신의 직업적, 개인적, 재정적 삶을 통제하고 싶지 않은 사람이 누가 있겠는가? 모노폴리도 마찬가지다.

물론 모노폴리는 현실이 아니다. 하지만 게임에서 얻은 자산이 현실에서도 가치가 있다면 어떻게 될까? 게임에서 사용자에게 실제 자산을 제공하는 소유권 개념은 모든 것을 바꿔놓았다. 이것이 NFT의 본질이다. 사진, 토렌트 미디어, 콘텐츠를 작성하는 인공지능AI까지 가득한 디지털 세계에서 NFT는 소유자가 디지털 자산에 단독 권한을 갖도록 한다. 이제 자산은 1과 0 이상이 될 수 있다. 그 자산은 블록체인에서 고유하며, 검증할 수 있다.

이러한 개념은 모든 것을 바꿔놓았다. 사람들은 NFT에다가 실제 돈을 지불한다. 이제 기존의 '이기기 위한 게임Play-to-win'으로 얻는 내적 가치 이상으로 블록체인은 물질적, 금전적 가치를 제공하며 이를 통해 '돈을 버는 게임Play-to-earn'이 현실이 되었다.

재미와 약간의 영광이 있는 게임과 경험이 있고, 실제 가치가 있는 것을 얻을 수 있는 게임 중 어느 것이 더 나은가? 사실 사람들이 항상 금전적 가치만을 원한다고 말하는 것은 매우 짧은 생각이며 재미있게 보낸 시간 자체도 훌륭한 보상이 될 수 있다. 하지만 사람들이 보상 기반 시스템에 끌린다는 생각을 뒷받침하는 예는 많다. 사람들은 무언가 축적하는 느낌을 좋아하기 때문에 신용카드 업체를 통한 포인트 적립, 직장에서 게임과 같은 인센티브, 경쟁적인 e스포츠 등 무수히 많다. 우리는 모두 승리의 짜릿함을 만끽하고 싶어 한다.

이 모든 것을 고려할 때 메타버스 경제라고 하는 새로운 시대의 도래는 필연적이었다. 우리는 우리 행동을 더 잘 반영하도록 진화한 기술이 필요했다. 그리고 지금 그 기술이 있다. 메타버스는 사람들이 엔터테인먼트에서 외적 가치를 창출할 수 있는 최신 환경이다. 그렇다면 메타버스가 비즈니스와는 어떤 연관이 있을까?

왜 메타버스 경제가 비즈니스에 중요한가?

이 책에서 우리는 업랜드 설립자들처럼 당신이 깨달음을 얻는 데 도움을 주고, 이를 활용하는 데 필요한 도구를 알려주려 한다. 하지만 먼저 기업이 '이유'를 찾도록 돕는 것이 중요하다고 생각한다. 우리는 책 전반에 걸쳐 비즈니스 사례를 살펴보겠지만, 가장 짧고 간단한 답변은 이미 언급했다. 바로 **소유권**이다.

기술이 점진적으로 최적화한 것이 아니라 변혁적인 혁신을 이루었다는 사실을 놓고 보면, 이를 추진하는 두 가지 요소, 즉 문화적 행동 변화와 이를 둘러싼 기술이 보인다. 이것은 인간이 최초의 문명을 건설했을 때도, 용으로부터 공주를 구하기 위해 멜빵을 착용한 슈퍼 마리오라는 배관공을 녹색 파이프로 보냈을 때도 마찬가지였다.

메타버스 경제는 소비자 행동의 변곡점의 결과다. 대부분의 시간을 휴대전화나 컴퓨터, 게임 콘솔을 사용하며 보내는 디지털 우선 소비자들은 그들에게 중요한 온라인 페르소나를 생성한다. 하지만 오프라인 세계로 돌아오기 위해 로그아웃하면 그 정체성은 사라지고 만다. 이러한 방식으로는 소유권이 제한된다.

철학가 윌 듀런트Will Durant는 "우리는 우리가 반복하는 행동으로 정의된다"라고 했다. 그러나 '디지털 삶'에 시간과 에너지, 돈을 투자하는 많은 사람들이 직장이나 학교에 있거나 길을 걸을 때 연결이 끊어진다. 메타버스는 온라인과 오프라인 세상을 새로운 형태로 엮으면서 이 모든 것을 바꾸어버릴 잠재력이 있다. 다음 몇 가지 방법을 보자.

- 메타버스 앱은 사람들이 자신의 디지털 자아를 개발할 수 있도록 커뮤니티와 생태계를 제공한다.
- 증강현실, 가상현실과 같은 웹 3.0 기술은 가상공간뿐 아니라 물리적 공간에서도 더욱 몰입할 수 있는 환경을 만들 것이다.
- NFT와 같이 블록체인을 바탕으로 하는 자산은 사람들에게 실제 가치로 환원할 수 있는 디지털 항목을 획득하고 소유할 수 있는 방법을 제공한다.

진정한 자산 소유권, 디지털 세계를 실제 세계로 끌어들이는 기술 그리고 더욱 몰입시키는 디지털 세계는 소비자에게 그들의 디지털 자아를 모든 곳에서 실현하고 소유할 수 있는 자유를 제공한다. 이것은 우리가 살고, 일하고, 배우고, 구매하고, 사회적 활동을 하는 방식을 바꿔놓을지도 모른다. 그리고 여기에서 기업이 등장하기 시작한다.

메타버스를 통해 기업은 새로운 방식으로 디지털 플랫폼과 현실 세계를 연결한다. 이렇게 함으로써 콘텐츠, 마케팅, 제품, 서비스 및 수익원을 만드는 새로운 방안이 우리가 봤던 그 어떤 것보다 다차원에 가깝게 만들어졌다. 불변하는 블록체인 덕분에 지식재산권IP을 투명하게 기록하고 통제할 수 있게 되었다. 더욱이 기업은 구매 여정을 소유할 수 있는 기회를 얻었다. 오늘날 기업이 전자상거래와 풍부한 온라인 콘텐츠 덕분에 구매 결정과 관련된 정보를 얻을 수 있다는 것은 얼마나 좋은 일인가. 그러나 기업은 메타버스 내에서 열성적인 소비자를 끌어들이는 자산과 경험을 만들 수도 있다. 메타버스 경제의 새로운 구매 여정은 기업이 구매 과정에 적극적으로 참여할 수 있도록 한다. 무엇보다 모든 상호 작용은 소비자 선호와 관련된 유용한 데이터를 만들어내고 새로운 공간에 저장한다.

메타버스 초기 탄생에 일찍이 참여한 기업은 얼리 어답터가 갖는 이점을 갖게 되면서 메타버스가 주류가 됨에 따라 메타버스의 전체 가용 시장과 문화에 더 많은 소유권을 가질 수 있게 한다. 포트나이트나 로블록스와 같은 지적 재산이 비즈니스 파트너에게 엄청나게 수익성이 높은 소셜 엔터테인먼트 허브로 변형시킨 방법까지는 알 필요가 없다. 이 플랫폼들은 메타버스 애플리케이션의 수박 겉핥기식이지만, 젊은 층이 기업에게 커뮤니티와 참신한 콘텐츠를 얼마나 원하는지 보여준다. 이러한 경험에 개방형 메타버스 경제를 더하면 사용자와 회사가 메타버스로 성장하면서 게임, 작업, 교육, 사회화 및 상업을 아우르는 새로운 문화를 함께 구축하는 무한한 가능성을 제공한다.

이 책을 읽어야 할 사람

우리는 메타버스 및 블록체인 지식을 가지고, 약간의 회의적인 시각과 호기심으로 의문을 품은 사람들을 위해 책을 쓰고 있다. 이미 메타버스에서 살고 있는 사람이라면 책 초반에 소개하는 기초 지식은 한번 확인하는 개념이라고 생각하면 좋겠다. 그러나 책에서 중점적으로 다루는 프레임워크, 전문가 인터뷰, 저자의 통찰은 자신의 프로젝트나 전략을 견고히 하려는 모든 사람에게 도움이 될 수 있다.

당신이 누구이고 어떤 목표를 가졌든지, 이 책을 읽어주어 감사를 전한다. 웹에는 정보가 넘쳐흐르니 이 책이 그 혼란을 다소 잠재우고 결정을 내리도록 도와주는 역할을 할 수 있기를 바란다.

이 책을 읽고 있는 당신은 아마 혁신에 끌리는 사람일 것이다. 어떤 미래가 오고 당신과 회사가 스스로 앞서 나가기 위해 어떤 위치에 있어야 하는지 호기심을 가지고 있을 것이다. 메타버스에서 찾은 이 새로운 고객 여정을 이끌어줄 것인가? 당신의 회사는 이러한 문화적 이동의 일부가 될 것인가? 이 책에서 우리는 당신이 메타버스 경제에 대한 결정을 내리는 데 도움을 줄 뿐 아니라 새로운 세대의 소비자와 새롭게 연결되고 수익원을 만드는 데 도움이 되는 정보와 의견을 모아놓았다.

우리는 메타버스와 메타버스 경제에 우리 모두를 위한 공간이 있다고 믿는다. 사실, 이 메타버스 속 공간을 채우기 위해 기업들이 일을 해주어야 한다. 예를 들어, 축구 클럽들은 팬 토큰 경험에 뛰어들고 있다. 아리아나 그란데Ariana Grande와 같은 성공한 아티스트는 포트나이트Fortnite를 비롯한 디지털 '공간' 안에서 콘서트를 연다. 크리니크Clinique는 뷰티 분야에서 최초로 NFT를 출시했다. 업랜드는 하이퍼루프 TTHyperloop Transportation Technologies와 제휴하여 대중교통 시스템을 게임에 도입했다. 이들은 글로벌 대기업이지만 크고 작은 회사에서 새로운 사용 사례가 계속 나타나고 있다. 사실, 소셜 미디어나 웹과 마찬가지로 메타버스는 작은 조직도 업계 거물을 뛰어넘을 수 있는 기회가 열려 있는 곳이다.

당신의 직함이나 관심사, 배경이 이 책에 적합하다고 생각한다면, 이 책은 메타버스와 그 기원 그리고 메타버스 경제가 어떻게 작동하는지 이해하는 데 도움이 될 것이다.

책의 구성

모노폴리 앞에 앉아 있던 세 명의 기업가처럼 깨달음의 순간으로 당신을 안내하려 한다. 일단 메타버스 경제의 가능성을 보기 바란다. 그런 다음 비즈니스의 다른 이해 관계자가 동일한 유레카 순간을 발견할 수 있도록 한 걸음 더 나아갈 것이다. 그리고 전략을 세우고 첫 번째 프로젝트를 구축할 수 있는 도구를 제공하여 모두 당신 것으로 만들게 해줄 것이다.

깊게 들어가기 시작하면 아이디어를 떠올리고 영감을 얻는 것이 오히려 어려워진다. 우리는 기술은 대충 훑고 메타버스와 메타버스 경제를 소화하기 쉽게 만들어, 나아갈 방향을 제시하는 것을 목표로 한다. 너무 기술적인 내용은 여기서 별로 도움이 되지 않으며 별다른 깨달음도 가져다주지 않을 것이다.

이 책을 통해 메타버스의 기초부터 심층적인 내용까지 다루고 트렌드 분석, 경제학, 제품 개발 및 사업 개발에 적용된 개념까지 알 수 있을 것이다. 이 책을 펼친 모든 사람들은 각자 나름의 지식수준을 가지고 있으리라 생각한다. '메타버스'라는 단어를 여기에서 처음 접하는 독자들도 있을 것이다. 반면 메타버스나 기술 전문가도 있을 것이다. 아는 내용이라면 빠르게 넘어가고, 필요한 지식은 바로 얻기를 바란다. 하지만 우리는 책을 마치 벽돌을 쌓듯이 차곡차곡 쌓이는 챕터로 구성했다. 목차를 살펴보면, 처음에는 메타버스가 무엇인지 고차원적인 주제를 다룬다는 것을 알 수 있다. 그리고 점점 메타버스 전략과 NFT 프로젝트를 구축하기 위한 구체적인 지식과 행동으로 나아간다. 아마도 이 방법이 우리가 전하고자 하는 메시지를 가장 간단하게 전달하는 방법일 것이다. 발견하고 개발하고 반복하기에 이르기까지 [그림 I.1]은 책의 구조를 챕터별로 위에서 아래로 연결하여 메타버스 여행을 위한 간단한 나침반을 보여준다.

이 책을 엮는 것은 겸손해지는 경험이었다. 우리 모두는 메타버스가 얼마나 큰지 이해하지만, 우리는 경험이 만들어낸 렌즈를 통해서만 메타버스를 볼 수 있다. 우리는 메타버스 사업가, 기업 컨설턴트, 마케터, 투자자, 강연자, 사용자, 소비자, 시민들이다. 우리는 메타버스

그림 I.1 메타버스 경제가 행동으로 이어지는 과정

를 이끄는 기업과 수백 번의 대화를 나누면서 이 새로운 놀이터를 이해하려고 노력했다. 이 여정을 통해 우리는 많은 기업이 그들이 NFT와 토큰을 가지고 먼저 무엇을 할 수 있는지 주목하고 있다는 사실을 인식한다. 이들이 메타버스로의 유일한 진입로는 아니다. 그리고 수천 명의 혁신가가 더 다양한 선택지를 제공할 미래를 제시하고 있다. 하지만 메타버스가 아직은 걸음마 수준인 시점에서, 우리는 NFT에 이제 막 관심을 두기 시작했다. 어느 시점이 되면 NFT는 표준이 될 것이다. NFT를 소유하는 것이 일반적인 일이 되고 주머니 속 동전처럼 사용할 것이다. 몇 년 안에 VR이나 AR이 대화의 중심이 될 것이다. 하지만 그렇기 때문에 책에는 속편이 존재한다. 뜬구름을 잡아서는 안 된다. 이 책에서 우리는 메타버스 경제가 안정화되는 부분에서 많은 기업들이 생각하고 있는 것을 반영한 방향으로 나아가려 한다.

깨달음의 순간을 겪었던 세 기업가처럼 이 책이 당신에게도 길잡이가 되어주기를 바란다. 그렇기 때문에 세 명의 공동 저자가 각자의 지식을 책에 쏟아붓고 있다는 사실을 깨달았을 것이다.

미래학자, 캐시 해클 Cathy Hackl은 HTC VIVE, 매직 리프Magic Leap 및 아마존 웹 서비스Amazon Web Services와 같은 회사와 함께 메타버스 관련 분야에서 일한 깊은 경험을 가진 세계적으로 인정받는 기술 미래학자이자 기업 경영자다. 현재 세계 최고의 메타버스 컨설팅 회사 중 하나를 이끌고 있으며 메타버스 전략, NFT, 가상 패션 및 브랜드를 가상 세계로 확장하는 방법을 두고 세계 최고의 브랜드와 협력하여 일하고 있다. 또한 업랜드와 함께 메타버스 성장 전략을 고민한다.

창업 전문가, 더크 루스 Dirk Lueth는 기업 규모를 막론하고 다양한 임원 역할을 수년간 수행했으며 수십 개의 신생 기업을 멘토링 했다. 2011년부터는 블록체인 및 분산 원장 기술을 사용한 다양한 프로젝트에 참여했다. 그는 경험을 여러 방면으로 확장시키는 창업 전문가며 현실 세계에 연결되는 메타버스 플랫폼인 업랜드 공동 설립자다.

UC 버클리 경영학부 교수, 토마소 디 바르톨로 Tommaso Di Bartolo는 실리콘 밸리에 기반을 둔 창업 전문가이자 UC 버클리 교수로 기업가 정신과 블록체인 기반 혁신을 가르친다. 작가이자 기술 스타트업 투자자며, 미래 식량 자선가인 토마소는 7개 국어를 구사하고, 유명 강단에 선 경험이 있는 강연자이기도 하다. 업랜드에서 그는 경영진의 일원으로 업랜드 비즈니스를 담당한다.

회의실이 가득 찬 이유는 메타버스가 그만큼 복잡하기 때문이다. 서로 다른 관점이 색깔과 맥락을 더한다. 공동 저자가 힘을 합치면 산업 지식, 사업 그리고 푸른 하늘에 대한 열망을 함께 제공한다. 각 챕터에는 세 저자가 큰 주제를 서로 다른 관점으로 요약해놓은 부분이 있다. 하나보단 둘이 낫고, 둘보단 셋이 낫다고 하지 않던가.

세 명 저자의 공통점 중 하나는 블록체인, 분산 프로그램, 사용자 중심 거래 및 프로그램 거버넌스, NFT 및 웹 3.0은 메타버스가 가져올 미래라고 확신한다는 점이다. 지금은 무슨 말인지 몰라도 괜찮다. 앞으로 다 설명할 것이다.

우리는 메타버스 경제를 지지하지만 재정적 또는 전략적 결정을 지지하거나 조언하는 것이 아니다. 우리는 조직이 메타버스에서 올바른 길을 찾도록 영감을 주고 싶다. 경로는 사람마다 다르겠지만, 우리가 나침반이 되어줄 것이다.

우리와 함께 메타버스 경제를 탐험하러 나서준 데 감사 인사를 전한다. 2022년 현재 우리는 모두 메타버스 개척자다. 우리가 당신보다 조금 더 앞서 나갈 수는 있지만, 우리 모두 함께 미래를 건설할 수 있는 기회이기도 하다.

시작해보자.

1부 메타버스와 메타버스 경제 이해하기

2부 메타버스 경제 전략 세우기

**3부 메타버스 제품 개발,
실행 프레임워크 및 향후 전망**

메타버스와 메타버스 경제 이해하기

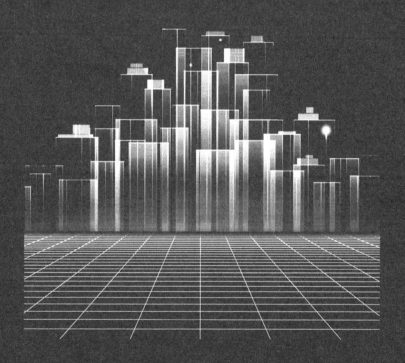

Getting to Know the Metaverse
and Metaverse Economy

1장

메타버스
입문

A PRIMER
ON THE
METAVERSE

보드게임이나 휴대전화 등 새로운 물건을 샀을 때 설명서부터 읽고 싶어 하는 사람은 아마 없을 것이다. 대부분 바로 뜯어서 일단 시작해 본다. 하지만 설명서부터 펼쳐보는 깐깐한 사람들은 더 빨리 '적응한 다.' 메타버스 경제도 마찬가지다. 용어나 기본 개념을 살펴보며 메타 버스에 적응하는 시간을 조금만 투자하면 학습 단계를 넘어서 메타버 스의 가능성을 더 빨리 알아볼 수 있다.

이미 스스로 '메타버스 개론'을 수강할 단계는 지났다고 생각한다 면, 용어 설명은 건너뛰어도 좋다. 이 책 전반에서 다루게 될 메타버스 와 메타버스 경제가 무엇인지 전체적인 맥락에서 이해하는 것이 더 중요하니 다음 장으로 넘어가자.

우리는 이 책을 교과서로 만들 생각은 추호도 없으므로 이 섹션은 간단히 넘어가겠다. 다만 빠른 속도로 변화하는 분야인 만큼 용어도 그에 따라 빠르게 변할 수 있다는 사실은 명심했으면 한다. 메타버스 는 오늘도 건설되고 있으며 끝이 있는지는 알 수 없지만, 있다고 해도 그에 도달하는 데는 아주 오랜 시간이 걸릴 것이다. 전문가들도 각자 다르게 정의하거나 다른 용어를 사용할 수도 있다는 점도 알아두자. 이 입문서는 넓은 범위의 메타버스 세계에서 일어나는 일에 대해 우 리가 제시하는 관점과 통찰을 순조롭게 이해하도록 도와줄 것이다. 이 순간에도 메타버스는 진화하는 중이므로 책 내용에 한정되지 않고 지식을 꾸준히 업데이트하며 따라가기를 바란다.

용어

5G

5세대 셀룰러 무선 기술을 의미하며 셀룰러 통신의 중요한 도약 지점이라 평가받는다. 대기 시간은 줄이고 품질은 향상시키면서 더 많은 데이터를 제공할 수 있는 강력한 기술이다. 최고 속도는 20Gbps까지 나오며 지연 시간은 단 1ms에 불과하다. 한마디로 5G는 미친 듯이 빠르고 이 속도 덕분에 메타버스 여행자들은 편안하게 여행할 수 있다.

인공지능 AI, Artificial Intelligence

인공지능이란 인간이 정보를 처리하고 학습하고 문제를 해결하는 방식과 유사하게 컴퓨터나 로봇이 '생각'하거나 이해하는 능력이다.

증강현실 AR, Augmented Reality

증강현실은 물리적 세계 '위에' 데이터, 대화형 디지털 개체 또는 기타 디지털 미디어를 배치하는 기술을 사용해 현실 세계를 향상시킨다. 대표적인 예로 포켓몬 고Pokémon Go가 있는데, 사용자가 모바일 기기를 사용해 실제 마을과 도시에서 포켓몬을 찾아 포획하는 게임이다.

블록체인 Blockchain

블록체인은 사람들이 메타버스 내 디지털 자산의 소유권을 가질 수 있도록 스마트 계약을 가능하게 하는 방식으로 데이터를 저장한다.

모든 거래에는 스마트 계약이 생성되며, 투명하고, 추적 가능하고, 변경할 수 없는 기록을 만들도록 설계된 분산 네트워크에 저장된다. 공개 블록체인의 예로는 이더리움Ethereum, EOS, 솔라나Solana 등을 들 수 있다. 기존의 데이터 시스템이 중앙에서 제어하며 운영자가 데이터를 변경 가능한 것과는 대조적이다. 블록체인은 자산의 소유권이 분산 저장되며 공개적으로 사용 가능하고 신뢰할 수 있어 메타버스 경제의 핵심 장치라 할 수 있다. 블록체인 덕분에 사람들은 대체 불가능한 토큰과 같이 진정한 디지털 자산을 소유할 수 있게 되었다. 대체 불가능한 토큰은 '고유한' 진품이기 때문에 희소성이 있다. 그리고 희소성이 있는 곳에 시장 가치가 따라오는 것은 당연하다.

블록체인 게임 Blockchain Gaming

앞서 블록체인에서 설명했듯이, 블록체인 기술을 활용하는 게임에는 게임 속 거래를 변경 불가능하고 추적 가능한 데이터 저장 네트워크에 담는다. 이는 사용자가 진짜 디지털 아이템(대체 가능하거나 대체 불가능한 토큰 등)을 구매하고 소유하게 하는 데 중요한 역할을 한다. 실제 블록체인 게임은 전통적인 게임에서 하던 경험부터 'Play-To-Earn(게임을 통해 돈을 버는 것-옮긴이)'이나 'Play-To-Own(게임을 통해 재화를 얻는 것-옮긴이)'까지 포함한다.

암호화폐 Cryptocurrency

암호화폐 혹은 암호 코인은 자체 블록체인에서 운영되는 디지털 화폐다. 일반적인 화폐와 유사하게 작동하지만, 중앙은행 시스템과 비교했을 때 100% 디지털이며 분산 네트워크에서 관리된다는 중요한 차이점이 있다. 가장 대표적인 암호화폐는 비트코인Bitcoin과 이더리움이다. 그러나 암호화폐 거래소에는 다른 암호화폐도 많다. 지금은 암호화폐가 많은 데 비해 효용성은 떨어진다. 그러나 메타버스가 진화하고 암호화폐가 지배적인 결제 수단이 된다면 상황은 바뀔 것이다.

암호화폐 거래소 Crypto Exchanges

암호화폐나 암호 토큰을 구매하고 판매하는 등의 거래를 하는 시장으로, 주로 중앙 집중식으로 구성된다. 크립토닷컴Crypto.com이나 코인베이스Coinbase, 바이낸스Binance, 크라켄Kraken 등이 있다.

암호 토큰 Crypto Token

토큰은 특정 애플리케이션 내에 생성된 대체 가능한 화폐다. 이러한 토큰은 애플리케이션 내에서 획득하고 애플리케이션 내 아이템이나 서비스를 구매하는 데 사용될 때 효용성이 있다. 엑시 인피니티의 SLPSmooth Love Potion 토큰이 좋은 예다. 이 토큰은 게임 내 이벤트에 당첨되어 획득한 다음 사용자가 새로운 엑시Axie 생물을 키우는 데 사용한다.

암호 지갑 Crypto Wallet

이 지갑은 개인의 암호 자산을 저장하는 보안 소프트웨어 플랫폼이다.

디앱 dApp

탈중앙화 애플리케이션, 즉 디앱은 비디오 게임부터 생산성 소프트웨어에 이르기까지 다른 앱과 똑같은 모습으로 똑같이 작동한다. 핵심은 데이터와 스마트 계약을 저장하는 시스템을 구성하는 분산 네트워크가 블록체인으로 만들어졌다는 것이다. 디앱을 크게 두 가지로 분류하면 플랫폼과 단일 기능 앱으로 나눌 수 있다. 플랫폼을 사용하면 다른 디앱이 해당 생태계 내에서 작동할 수 있지만 세일즈포스 Salesforce의 앱익스체인지 AppExchange와 같은 단일 기능을 가진 디앱은 그렇지 않다.

DAO Decentralized autonomous organization (탈중앙화 자율 조직)

DAO는 블록체인에서 수행되는 컴퓨터 코드를 통해 조직 구성원이 직접 정의하고 제어하는 투명한 규칙을 말한다. DAO는 블록체인 기반 스마트 계약을 사용하여 규칙이나 투표 결과를 저장한다. 애플리케이션 내에서 '사람에 의한, 사람을 위한' 통치가 가능해지는 것이다.

DeFi (탈중앙화 금융)

코인베이스는 DeFi, 즉 탈중앙화 금융을 공개 블록체인의 금융 서비스를 통칭한다고 정의했다. DeFi에서도 중앙 집중식 은행에서 가능한 대출, 임대, 거래 등의 작업을 대부분 수행할 수 있다. 다만 은행과 같은 제3자의 중개인이 필요하지 않은 P2P 시스템이다.

엣지 컴퓨팅 Edge Computing

IBM에서는 애플리케이션을 데이터 출처에 더 가깝게 연결하는 분산 컴퓨팅 프레임워크를 엣지 컴퓨팅이라고 정의한다. 사물 인터넷IoT이 좋은 예다. 스마트 냉장고는 사용자 입력을 처리하는 동안 제조업체가 제공하는 데이터를 가져온다.

대체 가능한 토큰 Fungible Token

대체 가능한 토큰은 1:1 가치로 교환 가능한 자산이다. 좋은 예는 비트코인이다. 한 사람의 비트코인은 다른 사람의 비트코인과 동일하다. 게임 내 유틸리티 토큰도 좋은 예다.

민팅 Minting

민팅은 블록체인의 디지털 자산을 '인증'하여 대체할 수 없는 토큰으로 전환하는 것을 말한다.

NFT Non-Fungible Token(대체 불가 토큰)

NFT는 진정성과 소유권을 보장하기 위해 블록체인 기술로 뒷받침되는 고유한 디지털 자산이다. NFT는 구매, 판매, 거래 또는 수집할 수 있다. 예술 작품, 스포츠 경기 하이라이트 영상, 게임 아이템, 심지어 정보까지 거의 모든 것이 NFT가 될 수 있다.

Play-To-Earn 게임

사람들이 금전적 가치를 창출하기 위해 하는 비교적 새로운 게임 장르를 말한다.

스마트 계약 Smart Contracts

이더리움은 단순히 이더리움 블록체인에서 실행되는 프로그램을 스마트 계약이라고 정의한다. 스마트 계약은 네트워크를 통해 보내는 코드와 데이터의 집합이다. 이러한 계약은 사용자가 제어하지 않는다. 대신 네트워크에 배포되고 프로그래밍된 대로 실행된다. 스마트 계약도 다른 계약과 마찬가지로 규칙을 정의하지만, 코딩된 대로 자동으로 실행된다.

VR(가상현실)

VR을 사용하면 VR 고글과 같은 웨어러블 Wearable 기술을 통해 컴퓨터가 생성한 3D 공간이 사용자 주변에 생성된다. 사용자가 3D 환경을 360도로 볼 수 있을 뿐만 아니라 손으로 조작하는 장치를 통해 환경을 '만지고' 상호 작용할 수 있는 대화형 환경을 만들어낸다. 3D 비디오 게임이 유명한 예다.

웨어러블 Wearables

머리나 손목, 발가락에 착용하거나, 심지어 임플란트, 문신 등 어떤 방식으로든 기술이 사용자에게 물리적으로 붙는 것을 말한다.

메타버스란 무엇인가?

이제 가장 중요한 질문을 던질 차례다. 메타버스란 무엇인가?

간단한 질문이다. 그러나 메타버스를 설명하는 것은 할머니에게 인터넷을 설명하는 것처럼 애매한 부분이 있다. '메타버스란 무엇인가?'라고 구글Google에 검색하면 구불구불한 여정으로 당신을 데려간다. 혼란스럽다. 우리는 메타버스에 대한 다른 사람의 의견을 판단하려는 것이 아니다. 명확히 정의하지 못하는 것은 어쩌면 당연하다. 모든 전문가들도 아직 완전히 실현되지 않은 메타버스를 한마디로 정의하기 위해 고군분투한다. 아직은 페인트가 마르지 않아 제대로 된 색깔을 보지 못하기 때문이다.

그렇기 때문에 이 책을 세 명의 공동 저자가 썼다는 사실은 골치 아픈 부분이다. 우리는 모두 다른 관점을 가지고 있다.

캐시 해클: "메타버스는 물리적 자아와 디지털 자아의 융합입니다. VR, AR, AI, 클라우드, 블록체인, 암호, 5G 네트워크 및 엣지 컴퓨팅과 같은 웹 3.0 기술을 통해 메타버스는 우리 각자의 디지털 자아를 만들어 냈으며, 이 디지털 자아가 상호 작용하는 방식으로 콘텐츠를 소비하고 수익을 창출합니다. 메타버스는 오직 하나뿐이며 아직은 더 큰 형태로 존재하지 않습니다. 메타버스는 구축되는 중이고 지금 10년이 가장 중요합니다. 가상 세계와 물리적 세계 모두에서 말이죠."

더크 루스 : "메타버스는 실제 세계와 경계가 모호해지며 사람들이 하나 또는 여러 개의 정체성을 가지게 되는 평행 세계와 같습니다. 그리고 그 중심에는 개인이 있습니다. 그들은 자산과 데이터를 통제하며, 이를 사용하고, 거래하고, 판매하는 등 블록체인으로 구동되는 '진정한 소유권'을 통해 가능한 모든 것을 할 수 있습니다. 이것이 블록체인이 메타버스의 기반이 되는 이유입니다. 그렇다면 우리가 그곳에 도달했나요? 완전히는 아닙니다. 진정한 소유권을 누리기 위해, 혹은 같은 생각을 가진 커뮤니티의 다른 사람들이나 기업과 경험을 공유하기 위해 메타버스 플랫폼에 뛰어들 수 있습니다. 그러나 최종 목표에 도달하려면 한 플랫폼에서 다른 플랫폼으로 이동할 때 데이터나 자산을 쉽게 가지고 이동할 수 있어야 합니다. 아마 5~10년 정도는 더 걸리겠지만, 여정은 이미 시작되었습니다."

토마소 디 바르톨로 : "메타버스는 앞으로 커뮤니티가 주도하는 자급자족 경제를 중심으로 몰입하는 경험을 바탕으로 소비자가 참여하는 방식이 될 것입니다. 소비자를 광고의 대상으로 보는 것이 아니라, 제품의 일부로 보고 브랜드와 공감대를 형성함으로써 공동 가치 창출을 가능하게 하는, 소비자를 위한 새로운 디지털 현실입니다."

서로 다르기는 하지만 모두 틀린 말은 아니다. 우리는 계속해서 무언가를 알려주겠지만, 기술 강의로 받아들이지는 않았으면 한다. 메타버스를 더 쉽게 이해할 수 있도록 관점을 통합해 보았다. 최소한 이 책을 이끌어가는 길잡이가 될 북극성 역할을 해줄 문장을 소개한다.

"메타버스는 영구적인 가상공간의 **최상위 계층**으로서, 웹 3.0 기술을 통해 사회적, 상업적, 개인적 경험을 실현할 수 있도록 한다."

이 문장에는 여러 의미가 함축되어 있으므로, 하나하나 살펴보자.

메타버스는 최상위 계층이다 : 존재하는 모든 블록체인 시스템에서 메타버스는 가장 상위에 위치한다. 더 익숙한 기술로 설명해 보자면 소셜 미디어와 같은 계층이라고 할 수 있다.

메타버스가 처음 발견된 곳은 온라인이나 모바일 앱이 아니었다. 기술 회사나 월드 와이드 웹World Wide Web을 개발한 팀 버너스리Tim Berners-Lee 같은 사람이 개념을 정립한 것이 아니다. 시작은 1992년 출판된 어느 소설이었다. 닐 스티븐슨의 《스노 크래시》는 디지털 공간에서 물리적 세계와 가상 세계가 만나는 공간으로 메타버스를 묘사한 공상과학 소설이다. '메타버스'는 '메타meta'와 '유니버스universe'의 합성어로, 메리엄-웹스터Merriam-Webster 사전에서 접두사 'meta-'를 '포괄적으로, 초월한' 혹은 '어떤 경계 너머에 위치한'으로 정의한다.

우리는 '너머'라는 개념이 마음에 들었다. 블록체인 초기에는, 물론 2022년 현재도 초기이기는 하지만, 메타버스라는 세계 안에서 비트코인과 같은 것을 보기는 쉽지 않다. 왜일까? 비트코인은 오늘날의 메타버스보다 훨씬 더 크고 오래되었기 때문이다. 하지만 범위는 빠르게 확장되고 있다. 메타버스의 열린 생태계는 비트코인 및 다른 암호화폐 시장을 포함한 모든 것을 통합하려 한다. 이에 관해서는 상호 운용성과 메타버스 경제를 설명할 때 자세히 다루겠다.

무엇이 메타버스가 아닌가?

개방형 메타버스라는 범위는 매우 넓다. 그래서 어디까지 메타버스이고 어디까지가 메타버스가 아닌지 모호한 영역이 존재한다. 예를 들어 어떤 블록체인 게임이나 소셜 미디어 네트워크는 스스로 대문자 M을 사용한 메타버스Metaverse라고 말한다. 우리는 이것이 바람직하지 않다고 생각한다. 회사가 스스로 메타버스Metaverse라고 말하는 것은 구글이 스스로 인터넷이라고 말하는 꼴과 같다. 실제로는 메타버스에 연결조차 하지 못하는 회사가 많다. 그래도 탈중앙화 앱이면 메타버스라고 말해도 넘어가줄 수 있다. 최소한 이 애플리케이션은 탈중앙화라고 했다. 하지만 이런 디앱도 대문자 M을 사용한 메타버스의 하위 개념인, 소문자 m으로 시작하는 메타버스metaverse라고 말하고 싶다. 예를 들어 업랜드는 스스로를 '실제 세계와 연결된 메타버스metaverse 플랫폼'이라고 설명한다.

로블록스Roblox, 마인크래프트Minecraft, 포트나이트Fortnite와 같은 게임도 메타버스metaverse로 분류된다. 이러한 게임은 온라인 커뮤니티와 경제에 대한 소비자 욕구가 강해졌음을 증명한다. 그러나 메타버스보다는 중앙 집중식 가상 세계 또는 온라인 게임 플랫폼이라고 분류하는 것이 옳을 것이다.

이러한 플랫폼은 모두 디지털 제품의 든든한 파트너가 된다. 이와 같은 방식을 채택한 대형 브랜드가 많다. 예를 들어 나이키는 로블록스의 파트너다. 하지만 중앙화된 세계는 탈중앙화 세계와는 다르게 작동한다. 특히 거버넌스governance(통제 전략-옮긴이) 측면에서 그렇다. 디앱은 사용자 거버넌스라는 가치를 유지하는 반면 중앙 통제식 게임은 게임을 개발하고 운영하는 회사에서 관리한다. 따라서 사람들은 게임 방식과 게임 경제 체제에 의견을 내기가 어렵다. 소액 결제나 게임 내 구매를 사용하는 전통적인 비디오 게임에서는 게임을 개발하고 운영하는 회사에서 게임 내 통화 환율이나 상품 가격, 재고 등을 관리하는 권한을 전적으로 가지고 있다. 사용자 의견에 귀를 기울일 수는 있지만 원하는 대로 우선 순위를 정할 수 있다. 그래서 때로는 사용자들의 반발을 얻기도 한다. 일렉트로닉 아츠Electronic Arts, EA는 게임 커뮤니티 사용자 일부가 추가 지출을 유도하는 소액 거래나 전리품 상자 등 착취적인 수익 창출이 게임 메커니즘에 포함되었다고 반발하면서 브랜드에 타격을 입었다. 일본, 중국, 네덜란드, 벨기에는 게임 내 소액 거래 유도로부터 사용자를 보호하는 법률을 통과시켰으며 미국과 영국에서도 입법 활동이 일어나고 있다.

로블록스, 포트나이트, 마인크래프트가 모두 착취를 일삼는다고 말하려는 것은 아니다. 이 게임들은 중앙 집중식 시스템으로 관리되기 때문에 견제와 균형 없이 경제 체제가 구축된다. 그러나 탈중앙화 방식의 메타버스에서는 그 반대다. 소비자에게도 해당 생태계에 참여할 권한이 있다. 예를 들어 소시오즈닷컴(Socios.com)과 같은 팬 토큰 게임의 핵심 메커니즘은 바로 투표다. 플레이어는 실제 스포츠클럽의 의사결정에 영향을 주는 투표권을 가질 수 있는 토큰을 구입한다. 또 다른 예는 디센트럴랜드의 DAO다. DAO, 즉 탈중앙화 자율 조직은 게임 내 규칙을 관리하는 사용자 모임이다.

사용자가 결과에 직접 영향을 미칠 수 있을 때 공동체는 주인 의식을 갖는다. 생태계를 유지하기 위해 기꺼이 암호 지갑을 열어줄 충성스러운 사용자를 모을 수 있는 좋은 방법이기도 하다. 물론 모든 사용자가 투표 결과에 만족하지는 않겠지만 그래도 사용자에게 권력을 부여하는 역할을 한다. 민주주의에서 투표권과 같은 역할이다.

또 다른 메타버스 경제의 핵심은 바로 자산 소유권이다. 사용자는 그저 게임에서 이기기 위해 동물에게 밥을 주거나 게임 캐릭터에게 아이템을 사주는 것이 아니다. 여기에서는 디지털 자산을 소유하고 아이템을 개인 대 개인으로 거래할 수 있다. 사용자가 원할 때 얻을 수 있는 유형의 무언가가 있다는 것은 추가적인 인센티브가 된다. 가상 커뮤니티에서 인기 있는 아이템을 얻음으로써 생기는 명성을 위해 게임을 할 수도 있다.

요약하면, 메타버스는 사람이 기술 회사와 동일한 운전석에 앉을 권한을 갖도록 탈중앙화되어야 한다.

영구적인 가상공간에서 실현할 수 있도록 한다 : 메타버스는 구글, 아마존Amazon, 틱톡TikTok처럼 하나의 중앙화된 장소가 아니다. 메타버스는 메리엄-웹스터 사전에서 볼 수 있듯이 초월적인 무언가를 제공하기 위해 이질적인 프로그램과 실제 세계의 경험을 한데 묶는 것이다. 사용자는 단순히 가상 경험을 넘어 실제 세계에서 자산이나 가상의 신원을 관리할 수 있다. 그리고 인터넷과 같이 메타버스는 항상 작동하고 있으며 언제든 사용자가 돌아올 때를 대비해 정보를 지키고 있다.

사회적, 상업적, 개인적 경험 : 앞서 언급했듯이 메타버스는 모든 활동의 융합이며 모든 사람이 서로 다른 목표를 가지고 있다. 어떤 사람은 친구를 사귀고 모임을 만든다. 또 어떤 사람은 사업을 운영하거나 이미 존재하는 사업 모델에 디지털 채널을 추가한다. 우리가 아는 인터넷과 같이 메타버스는 이런 것들에 접근할 수 있도록 해주지만, 사용자가 선호하는 환경에 더 깊게 연결할 수 있는 새로운 방법을 제시한다.

웹 3.0 기술 : 웹 1.0은 1990년대와 2000년대 초반의 인터넷이었다. 웹 2.0은 소셜 네트워크, 온라인 거래, 사용자 제작 콘텐츠, 공유 경제가 도입되었다. 웹 3.0은 더욱 몰입하는 경험을 제공한다. 영리한 검색 엔진, 소셜 네트워크, 각 사용자의 선호를 더 잘 알고 사용자 기반 맥락에서 콘텐츠를 제공하는 시스템이 포함된다. 더욱 개인화된 콘텐츠를 제공하는 것은 '스마트'한 일이기도 하지만, 이러한 시스템에 더욱 몰입한다는 것을 의미한다. 즉, 물리적 상호 작용을 모방하는 VR이나 AR 시스템과 같이 사용자와 기술 사이 벽을 허문다. 우리는 또한 이렇게 새로운 경험을 가능하게 하는 블록체인, 클라우드 컴퓨팅, 5G 네트워크와 같은 기술을 이해해야 한다.

보다시피 메타버스는 블록체인, 웹, 소셜 미디어, 온라인 게임, DeFi, 발전된 하드웨어의 융합이다. 인터넷이나 소셜 미디어 채널이 얼마나 더 발전할 수 있는가에 관한 이야기라고 생각해도 좋다. 하지만 이를 설명하는 단어는 여전히 원시적이다. 1990년대의 사람에게 '틱톡'이라고 하면 시계 소리를 낸다고 생각할 것이다. 1994년 케이티 커릭Katie Couric과 브라이언트 검벨Bryant Gumble이 인터넷을 설명하는 영상을 보면 무슨 말인지 이해할 수 있을 것이다.

역사적 맥락에서의 메타버스

인간이 생성하는 사회적, 문화적 범위를 확장하는 것은 우리에게 항상 중요한 과제였다. 기술은 우리의 생각을 펼치고 서로 연결하는 열쇠 역할을 했다. 메타버스도 이와 다르지 않다. 월드 와이드 웹이나 소셜 네트워크의 등장과 같이 문화적으로 큰 사건과 유사하게 메타버스는 사람과 기업을 서로 연결하고, 수익을 만들고, 디지털과 물리적 신원을 연결하는 새로운 방법과 권한을 제공한다. 그리고 우리는 여기에 이름을 붙여놓았다.

- 웹 1.0은 인터넷이 세계의 정보 시스템을 연결하던 시기를 말한다. 소비자들이 구매 결정을 하는 방식이나 기업과 소통하는 방식을 바꾸어 놓았다.
- 웹 2.0은 소셜 미디어, 전자상거래, 공유 경제, 사용자 콘텐츠 제작이 부상한 시기를 말한다. 팔로워, 좋아요, 공유, 구독자 등이 중요한 시대다.

그리고 우리는 이제 기술이 디지털과 실제 세계를 넘나들며 사람, 장소, 물건을 서로 연결하는 웹 3.0이라는 변곡점에 접어든다. 메타버스라는 아이디어는 수십 년간 존재했지만, 기술은 따라오지 못했다. 디지털 네이티브 세대는 어렸을 때부터 강력한 컴퓨터를 손에 쥐고 성장했고 이제 우리는 기술과 문화가 결합되는 것을 보고 있다. 이 세대는 웹 1.0이나 웹 2.0 시대에 자란 사람보다 기술에 더 많은 기대를 한다.

이것이 무슨 의미일까? 많은 의미를 내포한다. 이제 사람들은 자신의 디지털 자아에 더 큰 가치를 부여한다. 삶의 모든 측면에서 더 몰입하는 경험을 원하고 기대한다. 또한 우리는 디지털 거래의 구매자로, 판매자로 직접 참여하는 사람들이 많아지는 것을 보고 있다. 각 변곡점 시스템의 보상을 보라. 웹 1.0에서 웹 2.0으로 넘어갈 때는 새로운 것을 배우거나 다른 사람과 연결하고, 고양이 영상을 보고 기분이 좋아지는 등 본질적인 보상을 제공했다.

메타버스와 메타버스 경제에서 우리는 본질적인 보상과 부대적인 보상이 함께 오는 형태로 이동했다. 따라서 사람들은 디지털 세계에서 기분 좋은 소비의 순간에 재정적 이득을 함께 경험하고 있다. 웹에서 정보를 검색하고 소비하는 것만으로는 더 이상 충분하지 않다. 그리고 사회적 활동도 이제는 충분하지 않다. 사람들은 랜선으로 연결되어 있을 때보다 오프라인에서 보는 것에 훨씬 더 가까운 방향으로 이동하고 있다.

이러한 패러다임 이동에는 세 가지 핵심 원칙이 존재한다.

1. **경험** : 사람들은 그저 소비를 하고 싶은 것이 아니다. 게임과 같은, 상황에 맞는 경험을 하는 것에 훨씬 더 끌린다.
2. **자아** : 사람들은 자신의 디지털 페르소나를 소중하게 생각하며 메타버스를 넘어 현실로 가져오고 싶어 한다.
3. **소유권** : 사람들은 어디에서 시간을 보내기로 결정하든지 스스로 주도권을 갖기를 원한다.

따라서 향후 10년 동안은 비즈니스 모델, 제품 포트폴리오나 경력이 변화할 것이다. 그리고 이 새로운 패러다임의 출발점은 바로 메타버스다. 인터넷 및 소셜 미디어와 마찬가지로 일찍 뛰어드는 사람과 기업이 획기적인 기회를 발견하고 경험할 것이다.

메타버스는 웹 1.0, 웹 2.0 및 성장하는 디지털 우선 소비주의의 정점이라고 할 수 있다. 아직 초기 단계지만, 얼리 어답터는 우위를 선점한다는 사실을 기업은 과거 경험으로부터 알고 있어야 한다. 어떤 회사는 뒤늦게 뛰어들다 고생만 하게 될지도 모른다. 2006년 구글은 유튜브를 16억 5천만 달러에 인수하여 소셜 미디어 공유를 시작했다. 마이크로소프트Microsoft는 2014년 마인크래프트 지식재산권에 25억 달러를 투자하면서 커뮤니티 기반 게임의 힘과 젊은 디지털 네이티브 소비자를 활용할 가능성을 모색했다. 페이스북은 2012년 인스타그램을 10억 달러에 인수하여 소셜 미디어의 동영상 전환을 따라잡았다.

페이스북은 기술이 발전하는 궤도 위에서 스스로 어떤 위치에 있어야 하는지 깨달았다. 2021년 10월, 페이스북은 메타버스를 주요 기술로 내세우며 사명을 '메타Meta'로 변경했다. 메타버스가 주류가 되기 전 인스타그램을 제외하고도 29억 명의 활성 사용자가 있는 회사였다. 이것이 메타버스가 향하는 지표가 아니라면 무엇이겠는가.

메타버스를 선도하는 사람들은 새로운 영역에서 청중과 소통하고 경쟁에서 앞서 나갈 수 있는 좋은 위치에 있다. 이 모든 것은 메타버스 경제 덕분이다.

손바닥 안의 세상

인터넷에 연결된 모든 부분이 어떻게 생겼는지 생각해본 적이 있는가? 복잡하기 이를 데 없다. 게다가 메타버스에는 얽히고설킨 부분이 상당히 많다. 하지만 그 중심에 다가가기 위해 핵심적인 요소를 살펴볼 필요가 있다. 그리고 다행히도 한번 메타버스의 뿌리를 보고 나면 모든 것이 간단하게 느껴질 것이다.

메타버스를 이해하는 좋은 방법 중 하나는 태양계를 생각해보는 것이다. 태양계에서 태양이 중심에 있는 것처럼 메타버스에는 이더리움이나 폴리곤Polygon, EOS 같은 블록체인이 중심에 있다. 블록체인을 중심에 두고 궤도를 도는 것은 바로 디앱이다. 이 애플리케이션은 사람들이 메타버스로 '진입'하는 창구가 된다.

[그림 1.1]을 보면, 오늘날 메타버스가 같은 블록체인에 있더라도 디앱으로 연결되지 않은 일종의 '울타리가 있는 정원'과 같은 형태라는 것을 볼 수 있다. 서로 '대화'하지 않는 전통적인 소프트웨어나 애플리케이션 플랫폼과 유사한 형태다. 이렇게 격리된 애플리케이션에서는 사용자가 데이터를 가지고 다니며 자산으로 만드는 것이 어렵거나 불가능하다.

사람들은 각자 가장 좋아하는 디앱에서 오랜 시간을 보낼수록 더 많은 자산을 갖게 되고, 그만큼 사람들은 자신의 코인, 토큰, 아바타, NFT 등 다양한 자산을 갖고자 하는 욕구도 생긴다. 장기적인 비전은 개방형 탈중앙화 메타버스지만 기술적이고 미학적인 과제가 남아

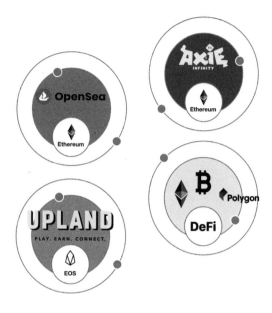

그림 1.1 서로 격리된 메타버스 생태계

있다.

예를 들어, 어느 사용자가 우주 탐험 게임에서 한 우주 비행사의 고유한 NFT를 얻었다면, 다른 디앱에서도 그것을 사용할 수 있어야 한다. 하지만 중세 판타지 게임도 아니고, NFT가 어떻게 생겼기에 다른 디앱에서 작동한다는 것일까? 모든 디앱은 고유한 시각적 디자인과 게임 규칙이 있다. 디앱을 가로질러 자산을 이동함으로써 몰입하게 하며, 이는 디앱 운영자가 해결해야 할 과제이기도 하다.

메타버스 미래의 핵심은 상호 운용성이다

메타버스가 서로 격리되어 있는 현재 상태를 살펴보았다. 상호 운용성, 즉 시스템이 서로 연결되고 정보를 교환하는 기능은 메타버스 이전부터 있었다. 하지만 아마 많은 디앱이 스스로를 메타버스metaverse라고 부르는 까닭은, 상호 운용성이라는 다리를 놓으려면 아직은 멀었다고 생각하기 때문일 것이다. 상호 운용성이 없다면 각 디앱을 전체의 일부로 보기란 쉽지 않다.

블록체인 기반 디앱은 인터넷의 역사상 존재하지 않았던 방식으로 정보를 교환하고 소통할 수 있는 잠재력이 있다. 우리는 '개방형 메타버스'를 실현할 수 있다. 모든 앱과 블록체인이 서로 다른 회사에서 만들어지지만, 최종 목표는 결국 모든 애플리케이션이 서로 연결된 세상이다. 사람들은 디앱 사이를 이동하고 재산과 신원도 함께 가지고 다닐 것이다. 온라인 경험의 판도를 뒤집어 버리는 역할을 하고 실제 세계와 가상 세계의 구분을 흐릿하게 만든다.

[그림 1.2]는 어떻게 모든 블록체인 '태양계'가 연결될 수 있는지 보여준다. 이 상호 운용성은 사용자가 하나의 블록체인에 포함된 데이터, 화폐, 자산을 다른 블록체인 생태계로 옮길 수 있다는 것을 의미한다. 본질적으로, 디앱이 어떤 블록체인에 속하든지 다른 모든 디앱과 상호 작용할 수 있어야 한다.

상호 운용성은 사용자 경험과 뒷받침하는 인프라, 이 두 가지 측면에서 구현된다. 메타버스를 구성하는 인프라 기술은 소프트웨어 개발

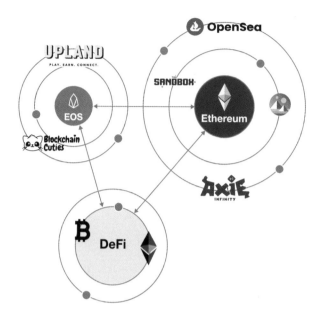

그림 1.2 메타버스의 향후 상호 운용성

자나 엔지니어, 디앱 운영자에게 어울리는 주제이므로 여기에서는 파고들지 않을 것이다. 우리가 다룰 주제는 상호 운용성이 어떻게 사용자 행동에 영향을 미치느냐는 것이다. 가상의 예를 한번 살펴보자. 엑시 인피니티에서 사용자는 엑시Axie라는 생물을 키우고 각자의 엑시를 사용해 서로 전투를 한다. 업랜드에서는 사용자가 재산을 모으고 디지털화된 다양한 도시를 탐험한다. 디앱은 이더리움, 로닌Ronin, EOS 등 제각기 서로 다른 블록체인에 존재한다. 상호 운용성을 통해 엑시 생물을 엑시 인피니티 밖으로 꺼내 업랜드에 가져다놓는 것이 가능하다. 엑시를 업랜드 재산 내에 반려동물처럼 사용할 수도 있을 것이다. 희귀한 엑시를 소유하면 엑시 인피니티 밖에서도 자랑하고 싶을지도 모른다. 앞서 언급했듯이 디앱 운영자는 메타버스에서 경계가 없는 상호 운용성을 구축하여 사람들이 자신의 디지털 자산과 자신이 선택한 환경을 완전히 즐길 수 있도록 하는 방법을 고민해야 한다.

일부는 이러한 격리된 구조에서 통합으로의 전환을 디지털 신원이 현실 세계를 따라잡는 핵심으로 보고 있다. 금요일 저녁 밖으로 나가 방문하는 술집마다 다른 이름으로 다른 운전 면허증을 보여주지는 않을 것이다. 옷을 갈아입거나 지갑을 바꾸지도 않고 그냥 밖으로 나간다. 메타버스가 안정화될수록, 사용자는 자신의 재산과 신원을 가지고 가상의 목적지를 넘나들며 땅따먹기를 한다. 메타버스를 연결하는 박음질은 더욱 단단해져 결국 하나의 큰 경험으로 만들어진다.

기업이 메타버스 전략을 세울 때는 다채널 전략과 유사하게 메타버스를 전체의 일부라고 생각해야 한다. [그림 1.3]은 메타버스에서 소유할 수 있는 NFT가 실생활에서 어떤 상업적 기회를 창출할 수 있는지 보여준다. 어느 기업이 사용자 대 사용자 경쟁의 보상으로 NFT를 디앱에 출시했다고 생각해보자. 이 NFT는 일종의 트로피가 된다. 이제 이 사용자는 고유한 자산을 소유하고 있으므로, 게임에 가까워진 소비자 경험을 할 수 있는 기회가 생겼다. 예를 들어, NFT를 상점에서 할인받을 수 있는 코드 역할을 하게 할 수도 있고, 제품에 더 빨리 접근할 수 있는 권한이나 사적인 행사의 초대권으로 사용할 수도 있으며, 클럽의 회원 카드 혹은 또 다른 실제 세계의 경험이 되도록 설계한다. 이렇게 함으로써 기업은 메타버스 경제를 사업 전략 전체

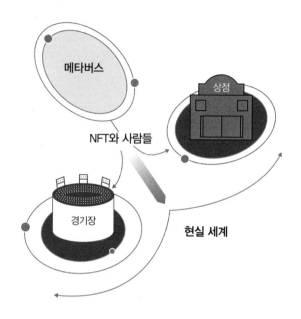

그림 1.3 메타버스를 현실 세계 경험으로 확장

에 연결시킬 수 있다.

상호 운용성이 사용자에게 멋진 만큼 메타버스에는 더 큰 목표가 있다. 디앱의 상호 운용성에서 만족하고 멈춰서는 안 된다. 메타버스는 우리의 디지털 세상과 물리적 세상의 일부가 되어야 한다. 이것은 디지털 우선 소비자가 제품에 손을 뻗고 만질 수 있는 방법을 찾으려는 기업에게 중요한 기회를 제공한다.

우리는 아직 완전한 비전을 구축하지 못했다. 오늘의 메타버스는 미국의 서부 개척 시대와 비슷하다. 1600년대 초반 사람들은 서부로 향했고 작은 마을을 하나둘 세우기 시작했다. 서로 다른 철도 회사였던 유니온 퍼시픽Union Pacific과 센트럴 퍼시픽Central Pacific이 1869년 마침내 선로를 연결하여 대륙을 횡단하는 철도를 건설할 때까지 서부의 개척지는 동부와 거의 연결되지 못했다. 대륙 횡단이 나라를 하나로 만들기 전까지 마을과 지역은 그저 작은 원처럼 존재했다.

이제 메타버스란 무엇인지, 그 기반이 되는 기술은 무엇이며 이것이 왜 중요한지 이해해야 한다. 소화해야 할 내용이 많기 때문에 'CUTER(큐터)'라는 약어로 기억해보자.

C : 메타버스는 공통 관심사를 갖고, 같은 생각을 가진 커뮤니티Communities에서 같이 놀고, 돈을 벌고, 소유하고, 사회 활동을 할 수 있는 공간을 제공하도록 설계되었다.

U : 탈중앙화 경제는 중앙에서 통제하지 않고 사용자User가 직접 통제하는 것을 말한다.

T : 메타버스 경험은 블록체인, 5G 네트워크, VR, AR, 클라우드 컴퓨팅과 같은 웹 3.0 기술Technology로 가능해졌다.

E : 경험Experiences과 상호 작용은 NFT에 의미를 부여하며 더 큰 가치를 창출한다.

R : 현실 세계Real world와의 연결을 통해 메타버스는 현실 세계의 경험을 증대시키고 실제 재정적 이득을 위한 잠재력을 제공하므로 오락 이상의 가치를 제공한다.

2장

메타버스 경제란
무엇인가?

WHAT IS
THE METAVERSE
ECONOMY?

메타버스는 지금까지 우리가 봤던 기술이나 플랫폼과는 완전히 다른 경험을 제공한다. 사용자 참여에 크게 의존한다는 점에서 소셜 미디어나 온라인 게임과 유사한 점이 있다. 하지만 메타버스는 사람들이 애플리케이션과 디지털 커뮤니티에 차원이 다르게 몰입하고, 통제하며, 소유권을 갖게 하기 때문에 특별하다. 이렇게 경제가 가진 힘에 의존하는 회사는 더 많은 영향력과 수익을 창출할 기회를 만들어낼 것이다.

우리는 기업이 메타버스로 뛰어들어서 새로운 디지털 제품을 만들고 다양한 경험을 설계하도록 하고 싶다. 메타버스 경제의 원리를 이해하는 것은 가장 중요한 부분이다. 화폐와 토큰 경제, 커뮤니티 기반 상거래, DeFi를 비롯한 다른 요소들이 어떻게 시장을 형성하게 된 것일까? 디지털 생태계에 안착한 완전히 개방된 진정한 경제다.

따라서 생산의 네 가지 핵심 요소를 살펴보는 것이 중요하다. 토지, 노동, 자본, 사업은 현실 세계의 경제와 마찬가지로 메타버스 경제에도 적용된다.

사업 : 사업에 참여하면서 무언가 생산하고 경제 활동에 박차를 가하고자 하는 공상가와 혁신가의 집단, 혹은 개인이 수행하는 활동이다. 메타버스 내에서는 디지털 상품을 생산하고 판매하거나 다른 사람들에게 서비스를 제공하여 메타버스 경제에 가치를 생성하는 사용자나 '시민'이 포함된다. 예를 들어, 특별한 능력을 가진 가상의 자동차 브랜드처럼 디앱에서 새로운 종류의 NFT를 생성할 수 있다.

그들은 또한 업랜드와 같은 디앱 플랫폼에서 메타벤처Metaventures 기능을 활용해 게임 내 사업을 운영하는 사용자. 사업은 기존의 기업이 디지털 버전을 메타버스에 출시하는 것도 포함한다.

자본 : 실제 세계의 자본은 제품과 서비스를 생산하는 데 도움이 되는 기계나 도구와 같은 자산을 포함한다. 빚이나 엔젤 투자와 같은 금융 자산도 포함된다. 메타버스에서 디지털 자산을 생산하는 문제를 다루므로 자본에는 가상 생산 플랜트, 빌딩, 도구, 다른 디지털 제품을 생산하는 데 도움이 되는 물건이 포함된다.

노동 : 일을 하는 노동자와 관리자를 말한다. 메타버스에서 노동은 자본과 어느 정도 겹치는 부분이 있는데, 기계가 아닌 사람이 1차 생산물을 생산한다는 점이다. 디앱 사용자는 노동력을 제공할 수 있다. 예를 들어 사용자는 자본을 제공하는 사람을 위해 다양한 게임 레벨을 통과할 수 있다. 여기에서 노동은 해당 디앱 내 또는 더 넓은 메타버스 내에서도 가치가 있는 자산을 생산한다. 또 다른 예에서 플레이어는 기업 측에서 인플루언서 역할을 할 수 있다. 여기서 플레이어는 디앱 내부의 트랜잭션 속도 또는 볼륨을 높이는 서비스를 생성한다.

토지 : 생산 과정을 뒤에서 관리하는 기업가가 계획을 실행에 옮기는 장소를 말한다. 토지에는 제품을 제조하는 데 필요한 자원이 포

함된다. 이러한 자원은 자재 또는 사람일 수 있다. 메타버스에서 토지는 플레이어가 가상 공장, 스포츠 경기장 또는 앞서 언급한 업랜드의 메타벤처와 같은 상점과 같은 구조물을 추가할 수 있는 공간을 나타낸다. 또한 다양한 상품을 생산하는 데 필요한 가상 석유와 같은 디지털 자원을 채굴하는 기능을 제공할 수 있다.

알겠지만, 네 가지 요소에는 겹치는 부분이 있다. 예를 들어 사람도 자원이 될 수 있고, 경영자도 될 수 있으며, 노동력이 될 수도 있다. 토지는 지역이나 상품이 될 수 있다. 메타버스 프로젝트를 시작하기 위해 필요한 것뿐 아니라 경제의 흐름까지 이해하는 것이 중요하다. 이 네 가지 요소를 결합하면 [그림 2.1]과 같은 경제 활동 주기를 얻을 수 있다.

사용자의 시각으로 [그림 2.1]에 나타난 생산 요소를 살펴보자. 이 사람이 게임 방식을 즐기고 결과적으로 실제 이익을 얻었다고 가정해보자. 어느 날, 사용자는 어떤 깨달음을 얻고 갑자기 이 세계에서 사업을 시작하고 싶어 한다. 물론 디앱은 사용자 기반 비즈니스를 지원하지만 이는 업랜드의 메타벤처처럼 많은 디앱의 로드맵에 있는 기능이다. 이 시나리오에서 사용자는 기업가가 되었다.

가상의 자전거를 만드는 아이디어라고 가정해보자. 아마 사용자는 아이디어에 투자할 자본이 필요할 것이다. 엔젤 투자자나 메타버스 내에서 운영되는 은행에서 자본을 가져올 수 있다. 사용자는 NFT 자산, 즉 디지털 작품이나 재산 혹은 다른 항목을 판매하여 프로젝트 자

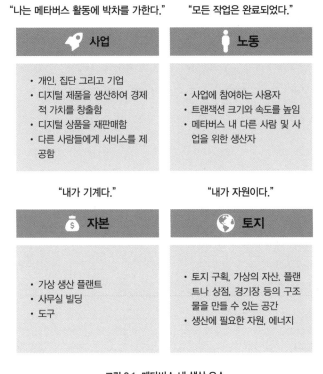

그림 2.1 메타버스 내 생산 요소

금을 조달할 수도 있다. 자본을 통해 사용자는 메타버스의 가상 도구 및 기계 등 자본뿐만 아니라 올바른 웹 디자인 기술을 갖춘 디자이너와 협력하여 디자이너의 노동을 이용할 수 있다. 그다음에는 디자이너가 가상의 자전거를 생산할 수 있는 장소, 즉 토지가 필요하다. 업랜드를 보면, 사용자가 소유한 자산은 그 사람의 사업 중심이 될 수 있다. 레거시Legacy와 같은 다른 게임은 사용자가 직접 사업체를 운영하고 제품 요소를 완전히 게임화할 수 있게 특별히 설계되었다.

이 예는 어디까지나 사용자 관점이다. 하지만 똑같은 관점을 사업에 적용해서 보면 아티스트나 회사가 어떻게 완전히 가상의 제품을 만들어내는지 쉽게 알 수 있다.

메타버스에서 화폐는 어떻게 작동하는가?

화폐는 메타버스 경제라는 기계에 윤활유 역할을 한다. 가상의 기업은 몇 안 되는 화폐로 지불을 받을 가능성이 매우 높다. 어떤 화폐는 특정 디앱 내에서만 가치가 있는 반면, 다른 화폐는 중앙 집중식 혹은 분산형 거래소에서 판매되거나 거래된다. 메타버스에서 사업을 하려면 다양한 화폐를 처리하기 위한 프로세스를 구축해야 할 수도 있다. 그리고 어떤 경우에는 실제 현실에서 사용되는 화폐를 다루어야 할 수도 있다. 그러면 화폐 가치에 영향을 미치는 암호화 시장의 기복을 생각해봐야 한다.

여기에는 얽힌 것들이 많다. 일단은 화폐란 무엇인지 분석하는 것부터 시작해보자. 우리는 달러를 보는 것과 같은 방식으로 메타버스 화폐를 정의한다. 달러와 마찬가지로 메타버스 화폐는 대체 가능하다. 즉, 개별 단위로 교환할 수 있으며, 구분할 수는 없다. 이에 관해서는 나중에 자세히 설명하겠다. 일단 메타버스에서 화폐의 세 가지 주요 기능을 살펴보자.

1. **교환 수단** : 화폐의 유용성을 담당한다. NFT나 서비스, 예를 들어 만들어진 예술 작품이나 서비스의 토지 구획과 같은 것을 교환하는 대신 사용자는 화폐를 사용해 교환할 수 있다. 이를 통해 사람들이 모두 동의하는 조건을 쉽게 만들 수 있기 때문에, 더 많은 거래를 가능하게 한다.

2. **회계 단위** : 가치를 측정하기 위한 화폐의 측정 기준이다. 간단히 말해 모든 사람에게 특정 값을 쉽게 전달할 수 있는 숫자, 예를 들면 0.5 비트코인과 같은 것이다.

3. **가치의 저장과 측정** : 메타버스의 가상 화폐 소유자는 그것을 '보유'해야 한다. 디지털 지갑이나 유사한 소프트웨어 솔루션을 사용하면 사람들이 디지털 화폐를 저장하고 적재할 수 있다. 따라서 사람들은 모든 부를 통화가 아닌 NFT로 보유하지 않고, 통화, 즉 대체 가능한 토큰으로 보유한다. 이렇게 하면 순자산을 더 쉽게 관리할 수 있다.

NFT 등 다른 가치 자산과 마찬가지로 메타버스 경제에 포함되는 화폐도 여러 종류가 있다. 1장의 용어 설명에서도 다루었지만 여기에서 더 자세히 설명하겠다.

| 대체 가능한 토큰

앞서 언급했듯이 이 토큰은 1:1 가치를 가진다. 100원짜리 동전은 어디에서 사용하든 100원의 가치가 있으며 대체 가능한 토큰에도 같은 규칙이 적용된다. 대체 가능한 토큰에는 여러 종류가 있다. 대체 가능한 토큰의 재정 및 회계 관리에서 앞서고자 하는 기업은 변동하는 시장과 경제로부터 보호하기 위해 글로벌 통화의 손실을 막는 데 사용된 모범 사례를 찾아야 한다. 가장 중요한 것들은 유틸리티 토큰, 거버넌스 토큰 그리고 보안 토큰이다.

유틸리티 토큰은 디앱이나 플랫폼 내에서 구매를 지원하는 등 특별한 기능을 가지고 있다. 예를 들어 업랜드의 UPX 토큰은 자산이나 아이템을 구매하는 데 사용된다. 엑시 인피니티의 SLP 코인은 반려동물에게 먹이를 주는 데 사용한다. 유틸리티 토큰은 디앱에 따라서 현금으로 살 수도 있고 비트코인과 같은 암호화폐로 살 수도 있으며, 어떤 유틸리티 토큰은 암호화폐 거래소에서 거래된다.

엑시 인피니티의 거버넌스 토큰인 AXS는 사용자에게 투표나 관리에 참여할 수 있는 권력을 부여하고 디앱이나 플랫폼의 개발 로드맵에 영향을 미칠 수 있게 한다.

보안 토큰은 소유권을 증명하고 확인하는 역할을 한다. 이는 전통적인 금융 유가 증권 발행과 매우 유사하다. 거래와 처리는 발행 및 판매가 허용된 기관의 법을 따라야 한다.

| NFT

NFT가 화폐로 간주되지는 않지만, NFT는 메타버스에서 매우 중요하기 때문에 대체 가능한 토큰을 설명하면서 대체 불가능한 토큰도 설명하는 것이 옳다는 생각이 들었다. NFT는 모네Monet의 그림이나 베이브 루스Babe Ruth의 친필 사인과 같은 것이다. 각 아이템은 고유한 자산 가치를 지니고 시장 가치를 기반으로 한다. 용어 섹션에서 다루었듯이, NFT는 유일하고 고유하다. 인증은 블록체인에 기록되고 NFT 두 개는 동일해 보이더라도 절대 같을 수 없다.

NFT의 대표적인 예로는 디지털 아트를 들 수 있는데, 그 외에도 다양한 종류가 있으며 이후 책에서 다룰 것이다. 크립토키티, 업랜드나 디센트럴랜드의 가상 자산, 엑시, 크립토펑크 NFT 작품 등이 좋은 예다. 자산은 오픈시, 게임 내 마켓, 혹은 개인끼리 거래할 수 있는 2차 시장에서 거래될 수 있다.

메타버스로의 진입과 전진

생산 요소와 화폐는 사용 가능한 제품 유형과 누가 그 제품을 제공하는지, 어디에 제공하는지, 어떻게 만들어지는지 그리고 제품을 사고팔고 거래하는 수단까지 정의하는 메타버스 경제의 두 기둥이라 할 수 있다. 기업은 소비자가 원하는 것뿐 아니라 어디서 어떻게 시간을 보내는지도 집중해야 한다. 게임이나 마켓 등 메타버스 내에서 보내는 시간은 사람들이 정보를 소비하고 연결하고 생계를 꾸리고 재미를 찾는 방식을 변화시켰다. 진정한 디지털 자산 소유권이 등장하면서 소비자 수요와 온라인 수익 모델에도 지대한 영향을 미쳤을 것이다.

우리는 기업이 현실 세계와 평행 우주로서의 메타버스가 잠재력

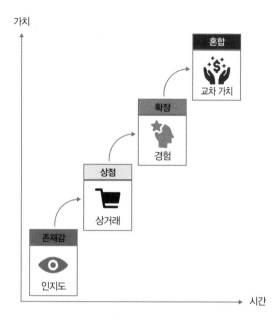

그림 2.2 가치 사다리

을 실현하면서 이러한 수요를 만족시키는 데 중요한 역할을 할 것이라고 믿는다.

당신이 개인 작업을 하는 아티스트든 국제적 기업이든 [그림 2.2]의 가치 사다리에서 볼 수 있듯이 메타버스에서의 존재는 네 가지 주요 방식으로 요약할 수 있다.

가치 사다리를 살펴보면 회사가 메타버스에 어떻게 녹아 들어가는지 볼 수 있을 것이다. 시간이 흐르고 기술이 진화하면서 더 깊은 상업적 가치가 확립된다.

1. 존재감 : 브랜드 인지도

메타버스는 최소한 호기심 많은 소비자들이 기업과 제품을 찾는 곳이 될 것이다. 이는 인터넷과 소셜 미디어가 보여주는 추세와 같다. 처음 몇 년 동안은 이러한 분야에 존재하는 것이 필수가 아니었지만, 오늘날 디지털 중심 구매 여정에서는 없어서는 안 되는 판돈이 되었다. 교통량이 많은 거리의 주유소나 실시간 검색어 순위에 오르는 것과 같이 메타버스 프로젝트를 시작하는 데 적합한 디앱을 신중하게 선택해야만 온라인 소비자 경험의 미래에 주도권을 쥘 수 있다.

2. 상거래 : NFT 및 디지털 제품 판매

가상의 상점으로만 메타버스를 이용하는 것은 일차원적인 전략이지만, 입문하는 사람들에게는 괜찮은 전략이기도 하다. 디지털 자산은 일반적으로 생산하기 쉽고 배포가 빠르다. 동영상이나 픽셀 아트 등 NFT로 만들 수 있는 것은 무궁무진하다. 마켓플레이스에서 NFT를 판매하면 수익을 얻고 생산을 가동시킬 수 있다. 희소성은 NFT의 가치를 결정하는 중요한 요소다. 너무 많은 자산을 발행하면 NFT의 가치가 희석된다. 기업이 현실의 제품을 디지털로 만드는 경우 실제 자산에도 잠재적으로 영향을 미칠 수 있다. 공급과 수요 사이 적절한 균형을 찾는 것이 가장 중요하다.

3. 경험 : 몰입형 여정

몰입형 경험을 적용하는 데는 더 오랜 시간이 걸리겠지만, 소비자가 상호 작용이나 게임화에 의존하도록 참여시키는 역동적인 방법이다. NFT는 고객과의 관계를 깊게 파고드는 새로운 몰입형 경험의 문을 열어준다. NFT는 키, 트로피, 게임 내 아이템이나 실제 제품과 교환할 수 있는 토큰, 아바타 장비, 게임 퀘스트를 완료하기 위한 도구나 여러 다른 기능을 수행할 수 있다. 경험은 소비자가 가상 환경에서 공간과 시간을 감지할 수 있도록 하는 센서, 섬유 햅틱, AI, 카메라 및 차세대 사용자 인터페이스와 같은 기술 지원으로 설계되었다.

4. 교차 가치 : 다시 현실 세계로 연결

메타버스는 그저 허공에 떠 있기 위한 존재는 아니다. VR이나 AR, 휴대전화 등을 통해 메타버스와 메타버스 경험은 현실 세계와 연결될 수 있다. 기업에게 이것은 전자상거래 매장, 오프라인 매장이나 이벤트와 같은 기존 채널과 메타버스를 결합하는 경험을 쌓을 좋은 기회다. 이렇게 함으로써 회사는 그들의 NFT에 더 큰 가치를 부여하고 오래된 채널에도 새로운 생명을 불어넣는다.

메타버스 경제가 계속 성장하기 위해서는 새로운 제품과 게임화된 경험이 필요하다. 기업이 제품과 브랜드의 관련성을 유지하려면 현대적인 디지털 경험을 만들어야 한다. 그러면 메타버스는 경제적 확장을 위한 완벽한 장소가 된다. 이는 메타버스 디앱 및 기업을 위한 윈-윈 전략이다.

토큰 경제

토큰 경제는 블록체인 환경 내 추가적인 시스템이다. 모든 디앱은 앱 내에서 경제를 형성하기 위해 Play-to-earn, Play-to-own 등을 지원하는 고유한 토큰 경제를 가지고 있다. 일부는 '구매-판매-교환'하는 마켓플레이스처럼 단순하다. 그러나 게임화된 구조를 사용해 사용자들이 디지털 아이템을 구매하기 위해 토큰을 얻는 식으로 복잡해진 곳도 많다. 오락실에서 게임으로 얻은 티켓으로 상품을 교환하는 것과 비슷하다. 토큰 경제가 어떻게 작동하는지 알려주기 위해 우리는 메타버스 내 많은 게임 산업에서 실제로 사용하는 일반적인 토큰 경제 구조를 [그림 2.3]에 나타내 보았다.

우리는 메타버스 경제가 사용자 중심이라고 생각하므로 이 그림을 사용자, 소비자에서 시작해 살펴보자. 사용자는 화폐를 보유하지 않고도 메타버스에 들어올 수 있지만, 암호화폐 거래소에서 사서 올 수도 있다. 사용자가 디앱이나 게임에 입장할 때는 토큰을 얻기 위한 특정 활동이 있을 것이다. 이것은 Play-to-earn 루프다. 만약 디앱이 비트코인이나 실제 돈과 같은 '외부' 화폐를 받아들인다면 게임 내 유틸리티 토큰과 교환하는 것도 가능하다. 토큰을 얻으면 이제 쇼핑에 나설 차례. 사용자들은 다음과 같은 이유로 쇼핑을 할 것이다.

- 관심 있는 자산을 얻기 위해
- 어떤 게임 내에서 수집할 수 있는 자산을 얻기 위해

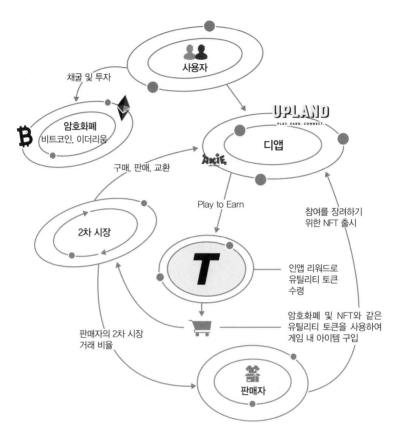

그림 2.3 소비자 입장에서 본 일반적인 토큰 경제

- 2차 시장에서 이익이 될 것이라고 믿는 자산을 얻기 위해

그렇다면 사람들은 무엇을 사는가? 디지털 아트가 가장 유명한 예가 되겠지만, 아마 실용적인 다른 NFT나 아이템, 즉 아바타 의류나 퀘스트 항목 및 장비 등이 NFT의 미래가 될 것이다. 우리는 게임화 된

쇼핑 경험이 더 많은 거래로 이어질 것이라 믿는다. 구매에 '이유'가 생기면 더 많은 이익을 가져온다. 그러나 사람들은 대부분 NFT를 별다른 이유 없이 수집하며, 이것도 나쁘지는 않다.

[그림 2.3]에서 주목해야 할 점은 판매자와 디앱 운영자가 2차 시장 거래에서도 일정 비율을 받는다는 것이다. 이것은 사용자가 스스로 디지털 자산을 사고, 팔고, 교환하는 P2P 시장이다. NFT는 1:1이고 소비자가 소유하기 때문에 마음대로 아이템을 다시 판매할 수 있다. 이러한 이익을 1차 판매에 추가하면 메타버스 경제의 수익성을 끌어올릴 수 있을 것이다. 이와 관련해서는 잠시 후 다시 다루겠다.

사용자는 목적을 달성하고, 멋진 NFT를 자랑하고, 디지털 세상에서 꿈을 실현하며 디앱 세계에 스스로를 몰입시키는 방법의 일환으로 NFT를 얻고, 사용하고, 다시 판매한다. 이 과정은 반복되고 디앱은 계속해서 게임화된 새로운 기능을 추가한다. 이 사이클에서 사업 파트너는 매우 중요한 부분이다. 게임만 가지고는 메타버스 경제를 활성화시키는 수준까지밖에 가지 못한다. 디지털 자산을 더하고 게임화된 브랜드 경험을 만드는 기업이 경제 성장에 중요한 역할을 할 것이며 결국 메타버스의 성공으로 이어질 것이다.

사용자 관점에서 토큰 경제에 호감이 생겼다면 이제 사업자 관점에서 살펴보자. 메타버스에서 파트너를 선택하는 것은 당신이 운영할 토큰 경제를 결정하는 중요한 요소다. 디앱 운영자는 세계를 움직이는 하나의 부분으로 이러한 '거시 수준' 경제 순환을 설계한다. 당신이 들어가는 세계를 최대한 활용하기 위해 다음과 같이 토큰 경제의 중요한 '미시 구성 요소'를 고려해야 한다.

- 세계 최고의 위치 및 자산 식별
- 디앱 내 사용자 통계 학습
- 희소성 있는 자산 발행으로 수요 증가

[그림 2.4]는 오픈시와 같은 마켓플레이스에서 볼 수 있는 간단한 NFT 거래 흐름을 보여준다. 기업은 마켓플레이스에서 1차 판매를 통해 수익을 얻고, 2차 마켓 판매에서는 약 5% 정도의 비율로 수익을 얻는다. 구매를 게임화하는 것은 NFT의 평생 가치를 끌어올리는 일이라고 말하고 싶다. 디지털 아트도 훌륭하지만, 사용자가 디앱 안에서 자산을 활용할 방법이 없다면 재판매 가치가 없을 수도 있다. 운이

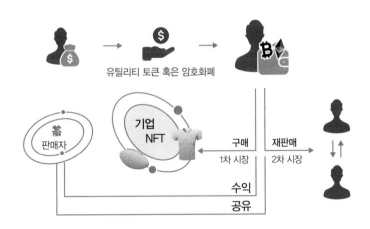

그림 2.4 기업 관점에서 본 토큰 경제의 예

좋아서 크립토펑크나 지루한 원숭이 요트 클럽Bored Ape Yacht Club처럼 되지 않는 한은 말이다.

다양한 희소성을 가진 NFT를 발행하는 것은 일반적인 NFT 전략이며, 이 경우 토큰 경제는 더 복잡해진다. 또한 우리가 앞서 NFT에 초점을 맞춰 살펴보는 동안에도 수익 창출 기회는 계속해서 생겨난다는 것이 중요하다. 우리는 곧 다른 상업 영역, 예를 들어 상품 임대나 서비스 기반 사업의 몇 가지 예를 살펴볼 것이다. 따라서 당신의 서비스가 NFT에 적합하지 않다면 디앱과 파트너 관계를 맺고 당신에게 적합한 비즈니스 모델을 개발할 수 있는 기회가 아주 많다. 이 내용도 추후 살펴볼 것이다.

만약 NFT가 올바른 움직임이라면 기업은 그들의 메타버스 파트너와 긴밀하게 협업하여 자산 가격과 희소성을 결정해야 한다. 단기적 수익만을 생각해선 안 된다. 장기적인 수익 구조를 만들기 위해서는 2차 시장 활동도 고려해야 한다. 또한 디앱의 경제가 변할 수도 있다는 사실을 기억해야 한다. 예를 들어, 게임에서만 얻을 수 있는 유틸리티 토큰도 내일은 암호화폐 거래소에 등장할 수 있다. 혹은 유틸리티 토큰을 사용한 구매만을 지원하는 디앱도 언젠가는 비트코인을 결제 수단으로 받아들이게 될지도 모른다. 이러한 변화는 토큰 경제에 영향을 미칠 뿐만 아니라 당신이 메타버스 경제에서 수익을 관리하는 방법까지 바꾸어 놓을지도 모른다. 최소한 거래 가능한 토큰을 얻고 소유하고 교환함으로써 발생하는 수익이나 세금의 영향이 있을 것이므로 경제의 지각변동에서 뒤처지지는 않아야 한다.

업랜드의 재산 거래 경제

복잡한 토큰 경제를 살펴볼 때는 하나의 게임을 파고드는 것이 도움이 된다. 업랜드와 같은 블록체인 플랫폼에서 사용자가 게임 구조를 학습하고 마스터하면서 재미를 느끼고 게임 속에서 부를 축적하면서 Play-to-earn이 현실화되는 것을 볼 수 있다. 많은 사용자들이 업랜드에서 사실상 복잡한 암호화폐 메커니즘을 느끼지는 못하기 때문에 '단순화된 암호화'라고 부르기도 한다. 플랫폼은 개인키, 비밀번호, 콜드 스토리지Cold Storage(인터넷에 연결되지 않은 암호화폐 지갑)의 필요성과 같은 블록체인 및 암호화 관련 특성의 모든 복잡성을 명확히 한다. 필요한 것은 이메일, 비밀번호, 사용자 이름뿐이다. 사용자는 게임을 하면서 업랜드 경제의 기반이 되는 다양한 NFT 유형의 진정한 소유자가 될 수 있다.

사용자는 블록 익스플로러Block Explorers, NFLPA Legits(미식 축구 관련 3D 자산), 샌프란시스코San Francisco나 뉴욕New York과 같은 도시의 가상 부동산 등 NFT 자산을 구매하는 데 사용할 수 있는 게임 내 토큰인 UPX를 얻기 위한 활동에 참여한다. 또한 부동산 경매, NFT 거래 및 게임 내 행동에 영향을 미치는 디스코드Discord 토론방과 같이 유기적으로 게임을 주도하는 대규모 커뮤니티도 존재한다.

[그림 2.5]는 업랜드 내 경제 활동만을 나타낸다. 메타버스에서

상호 운용성이 주목을 받으면서 NFT, 화폐, 사용자가 디앱 간에 자유롭게 이동할 수 있게 되었다. 우리는 이것이 NFT의 가치를 향상시키고 브랜드와 소비자를 아우르는 메타버스의 중요성을 상기시키는 '크로스 플랫폼 유틸리티'를 창출한 것이라고 믿는다.

그림 2.5 업랜드의 '게임 수익 연결' 경제

커뮤니티 거래의 부상

광고, 마케팅, 소셜 미디어 혹은 다른 수단도 많지만, 어쨌든 거래를 성사시키려면 관심을 끌어야 한다. 회사는 소비자에게 강한 인상을 남기기 위해 노력하고 소비자는 돈으로 의사를 표시한다. 전통적인 상거래나 온라인 쇼핑, 전자상거래에서도 모두 동일하게 적용된다. 그러나 메타버스 경제에서는 다르다. 커뮤니티 거래라고 불리며, 우리는 이것이 더 나은 방향이라 믿는다.

앞서 우리는 사람들이 디지털 경험에 기대하는 것이 점점 진화한다고 말했다. 그들은 상호 작용과 소유권을 원한다. 메타버스에서 브랜드는 이 새로운 관점에 기대어 판매 기회를 만들고 새로운 판매 채널을 만들기도 한다.

커뮤니티 거래는 소비자가 브랜드 경험과 가치의 일부가 된다고 생각하는 새로운 관점에서 출발한다. 이는 전자상거래 재판매와 인플루언서 마케팅, 프랜차이즈가 혼합된 느낌이다. 전통적인 게임에서 볼 수 있는 퀘스트를 활용할 수도 있다. 단, 검이나 갑옷을 얻는 대신 플레이어는 NFT나 다른 가상의 아이템으로 보상을 받는다.

예시를 살펴보자. 업랜드에서 사용자들은 메타벤처라 불리는 가상의 사업체를 운영할 수 있다. 이 디지털 상점에서 각자 제품과 서비스를 판매하거나 브랜드 리셀러처럼 활동한다. 아마존이나 월마트 마켓플레이스 그리고 다른 전자상거래 채널 등에서 우리는 리셀러 모델을 많이 접해보았다. 그러나 업랜드 생태계는 전통적인 온라인 쇼핑 경험보다 훨씬 더 상호 작용이 많은 구조다. 사용자는 브랜드 제품을 사용하고 지지할 뿐 아니라 1차 시장과 2차 시장을 활성화시키도록 제품을 중심으로 독특하게 게임화된 경험을 쌓게 될 것이다.

예를 들어, NFLPA Ultimate Fan Challenge는 업랜드 사용자들에게 미식축구 팀의 NFT를 찾아 거래하도록 만들었다. 각 팀별로는 순위표가 있었다. 이벤트 마지막에 각 팀에서 10위 안에 든 사람들에게는 업랜드의 특별한 아이템인 블록 익스플로러Block Explorer가 주어졌다. 이벤트는 사람들이 NFT를 사고 거래하도록 만들었고 게임화를 통해 업랜드 경제에 가속도를 붙였다. 이 이벤트는 대회를 열고 그에 따르는 사람들의 관심과 영광 그리고 게임화 경제를 만들어냈다. 여기에서 제품은 우리가 흔히 볼 수 있는 기능, 이점 및 비용 전쟁을 넘어섰다. 그리고 NFT를 파고들어 보면 게임화는 멈추지 않는다는 것을 볼 수 있다. 브랜드는 순조로운 쇼핑 경험을 위해 NFT에 유틸리티를 추가할 수 있다.

보다시피 판매 경험은 진화하고 있다. 그리고 이와 함께 새로운 기회와 도전이 찾아온다. 일부 브랜드는 자사 브랜드를 보호하기 위해 이러한 리셀러와 긴밀히 협력하기를 원할 수 있으며, 이는 현명한 일이다. 우리는 기업이 제품을 매장에 밀어 넣고 잘 팔리는 곳에 진열하는 것 이상으로 나아갔으면 한다. 이는 오래된 방식이기 때문이다. 메타버스 커뮤니티에 직접 참여하고 보다 역동적인 제품 경험을 구축하면 NFT와 브랜드가 신선하고 적절하며 재미있게 느껴질 수 있다. 그리고 전자상거래나 소셜 미디어와 달리 메타버스는 상호 작용하도록 고안되었다. 행동에 뛰어드는 사람들은 가만히 있는 사람보다 더 많은 것을 얻을 수 있다.

메타버스에서 사람들이 구매하는 것은 누군가의 디지털 정체성과 유연성을 발휘하는 방법 중 하나인 투자 수단이라고 보아야 한다. 사람들이 시간을 보내는 것은 단지 시간 때우기가 아니다. 그들은 해당 생태계의 성공 열쇠를 쥔 이해 관계자다. 브랜드는 제품과 스토리를 메타버스로 가져와 발판을 만들어야 한다. 브랜드 이미지나 제품 포트폴리오에 관계없이 모든 사람에게 기회가 열려 있다. 소비자 습관, 가치 중심 커뮤니티, 디앱 생태계 사이 어딘가에는 상거래의 미래와 연결하고 소비 중심주의에서 벗어나 차세대 참여 수준 및 측정 단위 인 공동 가치 창출, 즉 JVCJoint Value Creation로 전환할 수 있는 기회가 있다. 이와 관련해서는 5장에서 다시 살펴보자.

플레이어에게 힘을 실어주는 분산 거버넌스

앞서 우리는 기능부터 가격, 파트너에 이르기까지 모든 것이 신중하 게 제어되는 인앱 경험을 일반적인 기술 회사가 어떻게 관리하는지 다뤘다. 하지만 탈중앙화 앱 내에서 커뮤니티는 경험에 훨씬 더 많은 권한을 가지고 있다. 이 힘은 모든 것에 영향을 미치지만, 아래 몇 가 지 핵심 영역을 강조하고 싶다.

수요와 공급

인베스토피디아Investopedia는 분산형 시장을 중앙 집중식 교환 대신 투자자, 즉 메타버스의 게이머 또는 사용자가 서로 직접 거래하는 기술 중심 시장으로 정의한다. 2차 시장의 자산 가격 변동은 상점에 서 쇼핑하는 것보다는 주식을 하거나 이베이eBay 경매에 참여하는 것과 비슷한 느낌이다. 사람들이 제품을 어떻게 생각하느냐에 따라 시장 활동의 많은 부분이 달라진다.

거버넌스

블록체인은 사용자가 디앱 내에서 투표할 수 있는 권한을 부여한다. 이는 게임의 설계를 결정하는 거시적 수준의 투표일 수도 있고, 앱이나 하위 커뮤니티의 특정 측면에 영향을 미칠 수 있는 미시적 수준의 투표일 수도 있다. 팬 토큰 게임에서 브랜드는 사용자가 토큰을 획득하여 투표하고 실제 비즈니스 결정에 참여하도록 한다. 개방형으로 운영하는 블록체인 게임에서 플레이어로 구성된 DAO는 게임 규칙을 결정하고 앱 내 경제를 설정하며 커뮤니티를 감시한다.

가치 기반 활동

메타버스는 다양한 경험으로 가득 차 있지만 아직 시작에 불과하다. 플레이어는 개인의 이익을 따라가므로 브랜드는 이러한 생태계에 있는 사용자가 누구인지, 뿐만 아니라 적절한 장소에서 적절한 시간에 적절한 경험을 제공하기 위해 시간과 돈을 어떻게 사용하고 싶어 하는지를 주목해야 한다.

메타, 마이크로소프트, 에픽Epic Games과 같은 회사의 중앙 집중식 가상 세계가 반드시 DAO를 만들어야 할 필요는 없다. 사용자 기반 거버넌스를 꼭 도입해야 하는 것은 아니다. 그리고 사실 모든 탈중앙화 앱이 첫날부터 이러한 것들을 가지고 시작하지는 않는다. 그저 보조적인 수단 정도로 생각하면 된다. 디앱 운영자는 초기에 강력한 인프라와 게임 규칙을 구축하여 해당 디앱의 무결성을 확보한 후 사람들에게 주도권을 넘길 수 있다. 탈중앙화 거버넌스는 블록체인의 비전이며 메타버스 경제의 주요 요소가 될 것이다. 메타버스 파트너를 찾을 때는 앱 개발자가 DAO의 투표권을 사용자 중심으로 연결하는지 그리고 앱 내에서 이루어지는 거래에 어떻게 영향을 미치는지 기업 차원에서 이해하는 것이 중요하다.

네 가지 주요 NFT 유통 채널

토큰 경제의 예는 소비자, 제품, 브랜드가 메타버스에서 경제적 순환 구조를 이루는 방법을 보여준다. 그러나 이 순환 구조는 실제로 사용자의 행동이나 거래 기회, 유지 메커니즘을 결정하는 디앱 유형에 따라 달라진다. 메타버스 경제학에서 다양한 모델이 등장하겠지만, 우리는 NFT 기반의 활동에 초점을 맞추려 한다. 왜냐하면 게임 산업의 게임기처럼 NFT가 메타버스 경제의 출발부터 함께 보편화될 가장 중요한 요소 중 하나이기 때문이다.

지금은 수백 개의 디앱이 존재한다. 디앱 대부분은 NFT를 유통시키고 싶어 한다. 그렇다면 기업은 어떻게 올바른 파트너를 찾아 생태계를 구축할 수 있을까? NFT 전략을 세우는 데 도움이 되도록 NFT 가치를 창출하는 방법을 분류하여 NFT 배포 옵션을 [그림 2.6]과 같은 사분면으로 나타내 보았다.

그림 2.6 NFT 상용화 사분면

- 마켓플레이스란 NFT 구매, 거래, 판매에 중점을 두며 관련된 게임이나 유틸리티 없이 오직 거래 그 자체만을 중요시한다.
- 팬 토큰 디앱에서는 투표 토큰을 구매하여 투표권을 얻을 수 있다. 게임 내 브랜드는 사용자들이 사업의 여러 측면에 투표를 받으며 여러 가지 특전이나 보상을 제공한다.
- 메타버스 디앱은 슈팅 게임이나 시뮬레이션, 롤플레잉 게임과 같

은 전통적인 게임 장르와 유사한 다양한 장르를 포괄하는 소문자 m으로 시작하는 메타버스metaverse 디앱과 플랫폼이다. 이러한 환경에는 네 가지 생산 요소인 사업, 자본, 노동, 토지를 포함한다. 여기서 기업은 토큰 경제학과 NFT 유틸리티를 통해 구매 과정과 고객 유치를 게임화한다.

- 판타지나 수집물 게임 플레이어는 NFT를 수집하고 거래하여 다른 플레이어와 경쟁하고 상품을 획득할 수도 있다.

이미 디앱이 너무 많기 때문에 모든 디앱을 한 장의 그림에 포함시키는 것은 불가능하다. 이 사분면은 주로 스포츠 시장에서 이루어지는 NFT 상업화를 바탕으로 세분화하여 만들었다. 그렇지만 거의 모든 회사에 적용되어 메타버스를 소화할 수 있도록 하게 만드는 역할을 할 것이다. 여기에서 우리는 토큰 경제가 각 사분면과 사분면 내의 각 디앱마다 다른 형태라는 것을 설명하고자 한다. 즉, 애플리케이션마다 고유한 토큰 경제를 가지고 있으며 미묘한 차이가 있다. 이후 메타버스 전략 지침을 살펴볼 때 사분면의 각 부분을 자세히 다루어 볼 것이다.

NFT 기반 메타버스 수익 모델

우리는 브랜드가 수익만을 위해 메타버스에 진입해야 한다고 생각하지 않지만 이러한 디지털 생태계의 수익 모델이 NFT를 시장에 출시 하려는 기업과 제작자에게 유리하다는 사실은 중요하다.

앞서 토큰 경제를 다룰 때 2차 시장을 언급했다. 우리는 이러한 개인 간 거래가 상점, 전자상거래 및 온라인 쇼핑의 다른 거래 모델과 비교할 때 메타버스 경제의 중요한 차별화 요소라고 생각한다. [그림 2.7]에서 볼 수 있는 전통적인 판매 및 라이센싱 모델을 고려해보자. 여기에서 기업은 직접적으로 물건을 판매하거나 파트너 채널을 통해 판매할 수 있고, 실제 화폐나 가상 화폐로 수익을 얻는다. 이 거래 이후 회사는 다음 판매로 넘어간다. 소매업체와 최소 구매 보증은 있을 수도, 없을 수도 있다.

메타버스에서 NFT 제작자와 판매자는 1차 판매 이후에도 남아있 다. 이러한 거래나 디앱 공급업체와 합의한 최소 보증 외에도 브랜드

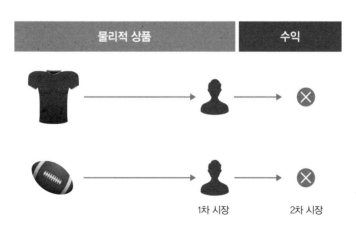

그림 2.7 전통적인 라이센스 화폐 가치화

는 2차 시장 일부를 점유한다.

[그림 2.8]에서 보듯이 NFT가 메타버스에서 순환하는 동안 사용료라는 수익을 창출한다. NFT가 시장 가치를 기준으로 평가절상 또는 평가절하되더라도 NFT에 장기적인 수익 잠재력을 제공하고 판도를 바꾸는 수익 창출로 이어질 수 있다.

메타버스에서 수요를 창출하는 것은 적절한 시기에 적절한 의미를 갖는 적절한 디지털 자산을 가진다는 것이다. 이것은 곧 아이템의 가치가 된다. 2차 시장에 활기를 불어넣는 핵심은 바로 희소성이다. 재판매나 거래를 활성화하기 위해 유동성을 해치지 않을 정도로 시장에 제한된 자산을 배포한다. 어느 기업의 전체 시장에 1,000명의 사용자가 있다고 생각해보자. 제품 하나를 1,000명에게 2달러씩 받고 팔 수 있다. 자산을 생산하고 배포하는 데 드는 비용이 1,000달러라

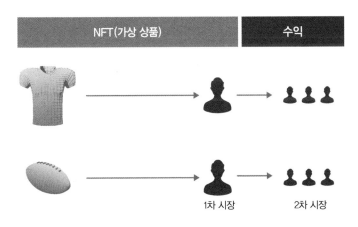

그림 2.8 NFT 화폐 가치화

고 한다면, 수익은 1,000달러가 된다.

$$2달러(제품 가격) \times 1,000(상품 개수) - 1,000달러(판매 비용)$$
$$= 1,000달러(1차 시장 총 판매 수익)$$

이 기본적인 방정식에서는 기업이 가능한 모든 사용자에게 서비스를 제공한다. 공급을 늘리면 수요는 낮아지고 이는 일반적으로 가격이 낮아지는 결과를 초래한다. NFT와 같은 상품은 디지털 자산을 생산하는 데 재료가 필요하지 않기 때문에 대량으로 생산하기가 비교적 쉽다. 하지만 위의 방정식과 아래의 방정식을 비교해보면, 시장 범람이 그렇게 좋은 선택이 아니라는 것을 알 수 있다.

상품의 수를 줄여 희소성을 만들어내면 수요가 더 많아지고 더 높은 가격을 받을 수 있다.

$$100달러(제품 가격) \times 50(상품 개수) - 1,000달러(판매 비용)$$
$$= 4,000달러(1차 시장 총 판매 수익)$$

이러한 방정식은 1차 시장에 적용된다. 하지만 시간이 흐르면서 NFT의 가치가 오른다면 향후 수익은 어떻게 될까? 메타버스에서 NFT를 활용해 장기적인 수익을 만들고자 하는 사람은 모든 사람의 손에 제품이 들어가도록 해서는 안 된다. 오히려 제품의 가격을 높게 설정하고 개인 간 재판매나 교환이 일어나도록 수요를 창출하는 것이 가장 좋다.

두 번째 방정식에서 사용된 희소성의 예를 사용하여 2차 시장에서 시간이 흐르면서 발생하는 가상의 수익을 빠르게 살펴보자.

4,000달러 = 1차 시장 총 판매 수익

월	재판매 된 상품 수	평균 가격	전체 판매량	수수료	NFT 제작자의 2차 시장 판매
1	10	150	1,500	5%	75
2	15	300	4,500	5%	225
3	18	450	8,100	5%	405
4	25	1,200	30,000	5%	1,500
5	20	2,000	40,000	5%	2,000
				합계	4,205

그림 2.9 시간의 흐름에 따른 2차 시장 가상 수익

물론 이 예는 다소 낙관적으로 보일 수 있다. 하지만 NFT는 처음 몇 달간 1차 판매보다 2차 시장에서 판매량이 더 많은 경우가 아주 흔하다. 또한 2차 시장에서 판매할 때 NFT 제작자가 추가로 부담해야 할 비용이 없다는 것도 기억하자.

기본적인 예지만, 수요와 공급 그리고 메타버스 경제 내 2차 시장을 통한 자산 가치 주기의 원리를 이해하는 데는 도움이 된다.

기업이 NFT로 수익을 창출하는 방법은 한 가지 더 있다. 잠겨 있던 NFT를 사용자에게 열어주는 것이다. 여기서 NFT는 디지털 아트나 짧은 동영상 클립 등이 될 수 있다. 메타버스 내 게임이 될 수도 있다. NFT는 상호 작용과 경험을 통해 소비자와 회사 사이 다리를 건설한다. 어떤 회사는 NFT를 실제 콘서트 티켓으로 사용할 수 있다. 또 어떤 회사는 운동화를 판매하면서 블록체인 게임 내 플레이어의 능력치를 향상시키는 NFT도 함께 판매할 수 있다.

아이템의 유틸리티가 소유자에게 특별한 능력을 부여한다면, 이 여정에 상향 판매나 교차 판매 등 다양한 전략을 엮을 수 있는 창의적인 기회는 무한히 많다.

집중하는 대상이 초 단위로 변하는 오늘날에는 유틸리티 및 상호 작용 경험이 소비자 인지도를 얻는 데 도움이 된다. 기업과 소비자를 의미 있는 방식으로 연결하는 가상의 상품을 개발해야 한다. 기업이 NFT를 사용하면 소비자 참여를 유도하며 쇼핑 여정을 설계하기 때문에 구매자 여정을 통제할 수 있게 된다.

또한 NFT가 신분의 상징이 되고 있다는 점도 명심하자. 크립토펑크나 기타 고유한 NFT는 틈새 커뮤니티를 구축했고 온라인 문화의 일부가 되었다. 지루한 원숭이 요트 클럽과 같은 NFT의 경우 작품이 독점 디스코드Discord 채널 입장을 위한 신분증처럼 사용되기도 한다. (캐시는 지루한 원숭이 요트 클럽의 자랑스러운 멤버, 돌연변이 원숭이다) 지루한 원숭이는 이러한 문화를 만들었고 큰 기업들도 이와 같은 활동을 하고 싶게 만들었다. 예를 들어, 아디다스Adidas는 지루한 원숭이 요트 클럽 #8774를 구입하여 메타버스 캐릭터인 인디고 허즈Indigo Herz

로 바꿨다. 오감을 자극하는 NFT는 기업이 참여하고 싶어 하는 유행의 일종이 된다. 아마도 이 책을 읽고 나서 당신도 인기를 끌 만한 자신만의 NFT를 출시할 수 있게 될지도 모른다.

경제학자 브론윈 윌리엄스가 말하는 메타버스 경제 전망

메타버스 경제는 새롭고, 새로운 것은 특히 예산이나 자원을 관리하는 사람들을 얼마나 두렵게 하는지 우리는 알고 있다. 재정과 예산을 관리하는 사람들에게 도움이 될 만한 분석을 제공하기 위해 경제학자 브론윈 윌리엄스와 메타버스의 상업적 잠재력에 관한 기술적인 이야기를 나누어 보았다.

Q. 시작하기에 앞서, 메타버스 경제를 한마디로 설명한다면 무엇일까요?

A. 인공적인 디지털 희소성의 환상이 만들어내는 비현실적인 자산의 현실적인 가치라고 할 수 있습니다.

Q. '전통적인' 경제와 메타버스 경제는 어떤 점이 다르고, 어떤 점이 비슷한가요?

A. 실제 경제를 뜻하는 실물 경제나 금융 경제와 달리 '비현실적인' 메타버스 경제는 실제 희소성과 무관하고 순전히 모방에

기반합니다. 우리가 가치 있다고 믿기 때문에 가치가 있는 것이지요. 이런 방식으로 금융 경제가 한번 추상화되면 우리는 비현실적인 경제를 이중 추상화 경제, 즉 실제 경제의 권리에 대한 권리라고 생각할 수 있습니다.

Q. 메타버스에서도 경기 순환이 일어날까요? 그 변동 폭은 실제 경제보다 클까요, 작을까요?

A. 물론입니다. 메타버스도 실제 금융 경제와 비슷한 순환 구조를 갖겠지만, 변동은 클 것입니다. 금융 경제가 실물 경제보다 더욱 급변하는 호황과 불황을 겪는다면, 메타버스 경제는 금융 경제보다도 변동 폭이 훨씬 더 클 것입니다. 메타버스 내 시장은 실제 희소성보다는 감정에 의해 움직이는 경향이 있습니다. 감정은 우리가 처음부터 다루어야 하는 엄격한 수요와 공급의 법칙으로부터 자유롭습니다. 그렇지만 우리는 금융화된 비현실적인 경제가 여전히 모든 부의 원천이자 최종 안식처라 할 수 있는 실물 경제에 의존하고 있다는 사실을 잊어서는 안 됩니다. 이러한 FU 경제의 이익은 소비되거나 실물 경제로 '현금화'되기 전까지는 그저 비현실적인 가상의 존재일 뿐이니까요.

Q. 전통적인 게임과 비교할 때 메타버스를 진정한 개방 경제라고 보시나요?

A. 이 말에는 동의하지 않습니다. 게임 경제는 사람들, 즉 플레

이어들이 '실제' 자산을 게임 서비스나 재화에 지불하도록 되어 있었습니다. 그리고 암호화나 DeFi의 출현은 고사하고 인터넷이 등장하기 전에도 많은 방법이 있었죠. 그 모든 것들 덕분에 사용자들은 이제 다양한 경제 사이로 실물 화폐와 가상 화폐와 부를 쉽게 변환시킬 수 있습니다.

Q. 게임 내 화폐는 실제 화폐와 어떻게 다른가요?

A. 같은 규칙을 따릅니다. 수요와 공급, 수익과 기대 등 인간 심리를 따르지요.

Q. 기업이 메타버스에 어떻게 접근하는 것이 좋을까요?

A. 시장에 나와 있는 모든 기업에게 저는 똑같은 조언을 합니다. 가치를 더는 것이 아니라 더하는 방향으로 메타버스에 접근하라고 말이죠. 상업과 자본주의는 결국 제로섬 게임이 아니라 윈-윈 거래가 이루어질 때 가장 잘 작동합니다.

Q. 메타버스 경제의 안정성을 결정하는 것은 무엇일까요?

A. 경계를 잘 살펴 내부 경제가 실물 경제와 금융 경제로 누출되는 곳이 없는지 확인해야 합니다. 메타버스 경제를 화폐 트릴레마가 적용되는 일종의 가상 국가 경제라고 생각해도 좋습니다. 국가나 가상 경제의 화폐 트릴레마는 고정 환율, 자유로운 자본 흐름, 자율적인 통화 정책 세 가지 옵션 중 한 가지는 포기해야 한다는 것을 의미합니다. 실제 경제나 가상 경제나 제약을 벗어나려고 노력하지만, 결국에는 인플레이션이

나 그레샴Gresham의 좋은 돈/나쁜 돈 문제에 직면하게 될 것입니다. 차익 거래의 기회가 생기면 악용하게 마련이니까요.

Q. 화폐의 수요와 공급 그리고 메타버스에서 속도의 중요성을 설명해 주시겠어요?

A. 가상 경제여도 실물 경제나 금융 경제에 어떤 방식으로든 연결되었다면 실제 경제의 일부라고 볼 수 있습니다. 동일한 가치와 수익이 적용되지요. 화폐 공급은 늘어나는데 판매하는 제품은 제자리라면, 인플레이션이 올 것입니다. 그리고 화폐가 화폐 트릴레마의 규칙을 따르지 않는 순간 사람들이 돈을 사용하지 않고 쌓아놓기 시작하며 이는 곧 디플레이션으로 이어집니다. 인플레이션은 게임 경제를 망가뜨릴 수 있고, 디플레이션도 마찬가지입니다. 둘 다 흥미와 공정성을 놓치는 꼴이 되죠. 수요와 공급의 원리를 존중하고, 너무 욕심내지 않는 것이 중요하다는 사실은 실제 중앙은행이나 정부도 명심해야 합니다.

Q. 여기에서는 사업 경쟁이 어떻게 이루어지나요?

A. 메타버스는 상상력이라는 마법 위에 만들어진 세상입니다. 사업이 오래 살아남기를 바란다면, 사람들이 참여하고 싶어 하는 공간으로 만들면 됩니다. 그렇게 하지 않는다면 그저 거래되는 자산에 불과하게 되지만, 그렇게 만든다면 금이나 비트코인, 달러 그리고 경쟁 대상이 될 우주의 모든 실제 및 가

상 자산보다 나은 자산이 됩니다. 당신의 이야기가 곧 당신의 자산입니다. 경험, 커뮤니티, 작품, 지식, 기업, 메타버스에서 '실제' 가치를 생성하고 싶은 이야기 같은 것 등 보이지 않는 가치에 투자하는 것이 좋습니다.

Q. 메타버스에서 화폐는 어떤 역할을 하나요?

A. 사람마다 다르겠죠. 법정 화폐나 안정적인 코인, 비트코인이나 이더리움과 같은 기존 암호화폐를 사용하거나, 자체 암호화폐나 토큰을 출시하거나, 옛날 방식의 게임 내 통화나 포인트 사용 등 많은 선택지가 있습니다. 비용과 속도, 분산화, 보안 등과 관련한 효율성 측면에서 각자 장단점이 있습니다.

Q. 메타버스 경제에서 부의 분산도 중요할까요? 최적의 값이 있을까요?

A. 실제 세계에서도 그렇지만, 절대적 불평등은 삶이나 게임 만족도에서 사회 경제적 이동성보다 덜 중요합니다. 사용자나 플레이어가 게임, 혹은 인생에서 상대적인 위치와 관련하여 앞으로 나아갈 수 있다는 희망이 있다고 느끼는 한 참여할 가치가 있습니다.

Q. 메타버스 경제에서 'GDP'는 어떻게 측정하나요?

A. 이것도 실제 세계와 동일하게 적용됩니다! 경제 내에서 전체 제품과 서비스 수익 가치를 모두 더하면 됩니다. 모든 것이 디지털화되었기 때문에 추적과 기록 또한 용이하죠. 실제 세

계보다 자동으로 계산하기 훨씬 쉽다는 말입니다. 어려운 부분은 다음과 같습니다.

1) 경제 내에 어디까지 포함되는지 경계를 정의하는 것.

2) 암호화폐 거래소나 공개 거래소에 등록된 게임 내 화폐를 사용할 때 환율을 결정하는 것.

Q. 경제 활동에 세금이 붙을까요? 재정 안정을 위해 별도의 장치가 필요한가요?

A. 비즈니스 모델에 따라 다릅니다. '세금'이라는 개념은 별로 필요하지 않지만 분명 편리함 등의 이점이 있죠.

Q. 기업이나 제작자가 프로젝트나 파트너 선택을 위해 토큰 경제와 관련하여 알아둘 것이 있을까요?

A. 경제학자, 변호사, 엔지니어를 고용하세요. FU Financialized and Unreal 경제는 알고리즘과 버그를 찾으려는 사람 모두가 차익 거래 기회를 위해 이용하도록 구축되었습니다. 당신은 가장 똑똑하고 강한 자, 즉 규칙과 보상을 알고 이를 악용하는 방법을 알고 있는 자들이 약하고 무지한 자들을 잡아먹는 생태계에 입장하고 있습니다.

Q. 브랜드는 메타버스에서 언제, 어디에 '상점을 구축해야' 하는지 이해하기 위해 어떤 트렌드를 관찰해야 할까요?

A. 고객을 따라가세요. 협업하고 함께 만들어 나가세요. 가상 경제가 좋은 점은 창의성과 가치를 공유할 수 있다는 것 아닐까

요? 고객을 창의적인 과정에 참여시키려 해보세요. 당신보다 앞서 나간 사람들로부터 이야기를 듣고 배우세요.

Q. 그렇다면 메타버스가 초기일 때인 지금 합류하는 것이 좋을까요, 아니면 메타버스가 주류가 되기를 기다리는 것이 좋을까요?

A. 일찍 시작하세요. 새로운 개척지를 탐험하고 자신의 이미지로 만드세요. 메타버스를 우리가 원하는 대로 만들지, 아니면 다른 사람의 비전으로 끝나버릴지는 우리 손에 달려 있습니다. 그리고 기본을 아는 사람이 메타버스와 그 안에 있는 사람 및 모든 것을 제어한다는 사실을 잊지 마세요. 소유권이 소수의 손에 집중될 것인지, 아니면 분산되어 민주적인 디지털 왕국이 될 것인지가 문제입니다. 당신이 참여하지 않는다면 우리가 어디로 향하는지에 대한 투표권이 없다는 것만은 확실합니다.

Q. 메타버스 경제는 어디로 향한다고 생각하나요?

A. 메타버스는 강해지고 있지만, 현실에서 '비기득권' 사람들이 메타버스에 점점 더 많아지고 있습니다. 실생활에서 안락한 사치를 누리지 못하는 사람들은 평평하지만 빛나고 매력적인 온라인 세계로 들어와, 되고 싶은 사람이 되고 위안, 의미, 우정, 일, 기회를 찾을 것입니다.

브론윈 윌리엄스

브론윈 윌리엄스Bronwyn Williams는 미래학자이자 경제학자며, 카본 베이스 라이프폼Carbon Based Lifeforms의 마케팅 팀장이자 플럭스 트렌드Flux Trends의 트렌드 분석가다. 도서 《미래는 지금 시작된다: 전문가가 본 비즈니스, 기술, 사회의 미래Future Starts Now: Expert Insights into the Future of Business, Technology, and Society》를 썼다.

정리하면, 메타버스 경제에 활기를 불어넣는 일은 매우 다양하다. 이를 '7C'로 나누어 정의해 보겠다.

상업Commerce : 메타버스는 새로운 수익 모델과 암호화폐를 소비하는 것뿐 아니라 열정을 불러일으키는 브랜드에 투자할 방법을 찾는 배고픈 사용자를 데려온다.

암호Crypto : 암호화는 새로운 세상인 메타버스를 돌아가게 한다. 암호화폐와 토큰을 활용하는 방법을 배우는 것은 회사의 건강한 메타버스 경제학의 핵심이다.

창조Creation : 아직 도화지는 많이 남아있다. 기업은 그들만의 색깔과 비전으로 이 도화지에 색칠하기만 하면 된다.

커뮤니티Community : 메타버스의 핵심은 결국 사람이다. 사람 사이의 건강한 커뮤니티는 메타버스 경제를 살아 숨 쉬게 하는 원동력이다.

협업Collaboration : 기업은 프로젝트를 시작하고 학습하며 원대한 비전을 실현하기 위해 모든 방향에서 커뮤니티 구성원과 올바른 파트너십을 형성해야 한다.

소통 Communication : 사용자에게 실질적인 권한이 있는 개방형 생태계는 기업이 그 어느 때보다 직접적인 소비자 피드백 루프를 필요로 한다는 것을 의미한다.

도전 Challenges : 넘어질 것을 알면서도 나아간다. 이러한 도전의 이면에는 항상 기회가 따라온다. 다른 사람들이 선택하지 않은 길을 선택할 때 더욱 그렇다.

저자의 인사이트

캐시 해클

골드러시 시대에 돈을 버는 사람들은 산을 파는 광부들이 아니었다는 말이 있다. 돈을 번 사람들은 곡괭이와 도끼를 파는 사람들이었다. 한때 기업들은 인터넷이나 소셜 미디어에서 판매하는 것에 회의적이었다. 기업은 이 새로운 시대에 3D로 진화하고 생각해야 하며 그들을 안내할 메타버스 전략가가 필요하다.

더크 루스

메타버스는 환상적인 기술을 기반으로 한다. 그러나 마음가짐도 그래야 한다. 블록체인, VR 등의 시스템을 메타버스의 척추라고 할 수 있지만, 메타버스의 핵심은 결국 사람이다. 이 기술은 사용자가 연결하고, 자신을 표현하고, 생계를 유지하는 새로운 방법을 모색하기 때문에 존재한다. 사람들은 이러한 패러다임 전환을 추진하는 로켓 연료다. 이를 인식하고 사람들과 공감할 수 있는 방법을 찾는 브랜드는 새로운 수익원을 보고 차세대 소비자에게 문을 열 것이다.

토마소 디 바르톨로

소유권의 강점에 대해 언급했지만, 중요한 것은 소유권이 소비자의 행동에 어떤 영향을 미치는가 하는 것이다. 오직 사고 싶어서 구매하는 것이 아니다. 좋아하는 브랜드와 세계의 일부가 되기를 원하기 때문이다. 메타버스에서 그 필요를 채우지 않으면 경쟁자가 된다. 따라서 NFT든 아니든 간에 사람들에게 약간의 소유권을 부여하고 소비자가 열성 팬이 되고 가장 큰 홍보대사가 되는 것을 지켜보자. 사람들이 가치 체계를 내재적 보상 시스템에서 외적 시스템으로 전환할 때 생기는 도미노 효과를 생각해보자. 엔터테인먼트 가치, 사회적 상호작용 및 NFT, 암호화 토큰, 브랜드 콘텐츠에 독점으로 접근하는 권한이나, 기타 인센티브를 통해 제공되는 실질적인 보상을 결합하면 사람들은 이전 방식으로 돌아가기를 원하지 않을 것이다. 10년 안에 우리는 식료품 쇼핑에서 직장, 영화 스트리밍에 이르기까지 모든 것이 게임화되고 인센티브화되는 것을 볼 수 있다. 엎질러진 물은 다시 담을 수 없다.

2부

메타버스
경제 전략 세우기

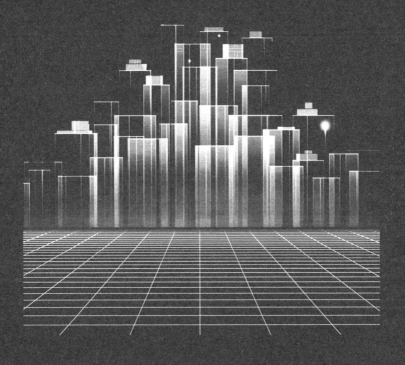

Building a Strategy for the
Metaverse Economy

메타버스의
비즈니스 사례 구축

BUILDING
A BUSINESS CASE FOR
THE METAVERSE

이제 메타버스와 메타버스 경제에 관해 더 잘 알았을 테니, 기업이 메타버스에 참여해야만 하는 이유를 파헤쳐볼 시간이다. 우리는 사람들이 메타버스 내부에 내재적, 외재적 가치 시스템을 구축하는 방법과 이러한 보상이 다른 곳에서는 찾을 수 없는 방식으로 유틸리티를 제공한다는 사실을 살펴보았다. 그리고 탈중앙화된 사용자 중심의 메타버스 경제가 중요해지는 이유도 다뤘다.

이 정도면 기업이 메타버스에서 프로젝트를 시작하기에 충분할까? 아마 그럴 것이다. 하지만 유비무환이라 하지 않았던가. 이 장에서는 비즈니스 과제, 핵심 가치 제안, 데이터와 비즈니스가 메타버스 프로젝트에 사례를 구축하는 데 사용할 수 있는 트렌드를 점검한다.

결국, 메타버스와 물리적 세계 간 NFT와 교차 채널, 상호 작용 경험을 개발하기 위해 기준을 세우는 것은 쉽지 않다. 시간과 예산, 예리한 전략과 조직적 움직임이 필요하다. 이를 받아들이지 않으면 아무 일도 되지 않는다.

사업적 도전

회사를 설립하거나 기존에 운영하던 사업에 혁신을 일으키고자 할 때는 일단 해결하려는 문제를 가정하는 것부터 시작해야 한다. 그런 다음 산업이나 시장에서 격차를 확인할 증거를 찾는다. 문제가 있는 곳에 문제를 해결할 제품이나 서비스를 만들 기회도 있기 때문이다. 이러한 가정은 결국 문제와 문제 해결 방안 및 시장이 대응하는 방식을 통합하는 하나의 비전으로 만들어진다.

메타버스 경제는 기업에 많은 가능성과 결과를 제공하므로 비전, 즉 '이유'가 있으면 메타버스 전략에 초점을 맞출 수 있다. 우리는 트렌드를 주시하고 시장의 많은 기업에게 말한다. 기업이 메타버스에서 혁신과 기회를 찾는 이유는 일반적으로 다음과 같다.

다음 세대를 위한 관련성 유지

기업이 스스로에게 던져야 하는 가장 기본적인 질문은 다음과 같다. 어떻게 관중을 찾고, 그들과 어떻게 연결할 것인가? 코로나19 팬데믹 이후 기업과 소비자 사이 거리는 멀어지다 못해 끊어져버릴 것만 같다. 글로벌 컨설팅업체 맥킨지McKinsey는 소비자의 30~40%가 새로운 제품이나 변화하는 브랜드를 선호한다고 발표했다. 이러한 추세는 디지털 중심의 소비자 경험에서 점점 더 많은 가치를 찾고자 하는 젊은 층을 위주로 나타난다.

게임 콘솔에서 비디오 게임을 즐기고 모바일 기기를 사용하며 성장해온 밀레니얼 세대와 그보다 젊은 세대는 이제 구매력을 주도하는 소비자가 되었다. 게다가 텔레비전 광고와 같은 '전통적인 매체'는 그 효과를 잃어가고 있다. 노스웨스턴 대학교Northwestern University의 켈로그 경영대학원Kellogg School of Management에서 2021년 발표한 연구에서는 TV 광고의 경우 '제품의 80%가 주간 투자 대비 수익이 마이너스를 기록했다'고 밝혔다. 현대 소비자와 현대 가족이 소비하는 방식이 다르다는 것쯤은 어려운 과학을 끌고 오지 않아도 이해하는 데 어렵지 않을 것이다. 이전보다 선택지가 많아졌고, 저녁에 거실에 모여 TV 앞에서 시간을 보내는 대신 여러 기기를 통해 개인이 선호하는 매체를 선택한다.

하지만 온라인 광고에도 한계는 있다. 배너나 사이드바에 띄우는 광고는 기업의 창의력에 제약이 된다. 웹사이트를 수천 수백만 명이 방문하더라도 맞춤형 광고를 띄우는 일은 여전히 어려운 일이다. 소셜 미디어는 기업이 소비자와 직접 상호 작용을 할 수 있도록 하는 중요한 채널이 되었다. 스태티스타Statista에 따르면 기업의 88%가 소셜 미디어가 제품 노출에 도움이 된다고 응답했다. 하지만 브랜드 인지도는 올라갈지 몰라도 '좋아요'나 공유, 팔로우에서 멈춘다면 오래 지속되는 관계를 구축하기는 어렵다. 인플루언서 마케팅은 기업에 일종의 도전과 기회를 제공한다. 인플루언서와 협력하면 브랜드 인지도와 제품 홍보에 도움이 되지만 한편으로는 제품이나 브랜드 가치를 잘못 나타냄으로써 오히려 악영향을 미치거나 불필요한 혼란을 초래할 수도 있다.

전통적인 방식이나 일부 비교적 현대적인 마케팅 채널에도 투자 대비 이익이 감소할 수 있는 위험이 있다. 기업은 구매 여정을 재정비해야 한다.

디지털 우선 소비자의 거래 특성을 뛰어넘어

세계 경제 포럼WEF, The World Economics Forum은 2022년까지 세계 GDP

의 60%가 디지털화될 것으로 전망했다. 이를 통해 전자상거래 시스템과 소셜 미디어 마케팅, 웹사이트를 보유한 기업은 국경을 넘어 소비자에게 다가갈 수 있다. 그러나 제품을 알리는 것에서부터 고민하고 구매하는 것까지 온라인 소비자는 온전히 그 여정을 감당한다. 온라인에서 고객과 연결되기 위해 기업은 검색 순위를 올리는 데 어마어마한 예산을 투자하며 치열하게 경쟁한다. 바이럴 마케팅으로 소위 대박을 치지 않는 한 정보 소비는 대부분 업무적이다. 사람들은 기업에 실제로 참여하지 않고 들어오고 나가며 마음을 결정한다. 허브스폿HubSpot은 방문자가 검색 엔진 결과 페이지로 돌아가기 전 웹 페이지에서 보내는 체류 시간이 2~4분이 되는 것을 목표로 삼아야 한다고 했다. 이것이 기업에게 이상적인 경험일까? 콘텐츠에 만족하고 체류 시간이 측정 기준에 도달하더라도 우리의 똑똑한 영업 사원은 그 정도 시간으로 평생 고객을 만드는 데 어려움을 겪을 것이다.

기업은 소비자 참여를 이끌어 내도록 더 깊은 경험을 제공하기 위해 새로운 디지털 채널을 도입해 이러한 문제를 해결할 수 있다.

온라인 저작권 통제의 어려움

온라인으로 저작권을 완전히 통제하는 것은 사실상 불가능하며, 이로 인해 기업은 수익 창출 기회를 잃고 있다. Z세대의 38%가 저작권을 침해하며 음악에 접근한다는 사실을 알고 있는가? 34%는 무료로 음악을 사용하기 위해 스트림 추출을 사용한다. 스태티스타에서 발표한 이러한 수치는 틈 사이로 빠져나가는 미디어의 한 조각일 뿐이다. GIF나 밈meme 등 여러 미디어는 저작권이나 상표 보호 없이 인터넷에 돌아다닌다. 유튜브YouTube나 틱톡TikTok 콘텐츠 제작자는 허가 없이 보호된 미디어를 사용한다. 알고 사용하는 사람도 있고, 실수로 사용하기도 한다. 기업이 온라인 저작권으로 더 많은 수익을 창출하고 디지털 자료를 더 잘 관리할 방법이 있다면 이러한 자산에 대한 투자 수익은 저작권 수익성을 바로 개선할 수 있을 것이다. 그리고 메타버스 경제에서는 커뮤니티가 큰 부분을 차지하기 때문에 기업이 커뮤니티와 직접 새로운 저작권을 함께 생성할 기회가 있다는 사실은 더 좋은 점이다.

늦었다고 생각할 때는 이미 늦었다

행동하지 않는 것을 정당화할 수 있는 방법은 항상 있다. 2000년에는 인터넷보다 진심이 담긴 악수가 중요한 세상이었기 때문에 웹사이트가 판매에 오히려 악영향을 미칠 것이라 생각했을지도 모른다. 마케팅 팀에서 판단하기에 소셜 미디어는 우선순위에서 철저히 밀려났을 것이다. 전자상거래를 구축할 예산이 없었을지도 모른다. 원래 지나간 일은 쉬워 보이는 법이니까. 기업은 도입이 늦어졌을 때 고객, 수익, 브랜드 이미지 등에 미치는 영향을 인식하는 것이 중요하다.

더 안전한 때를 기다려서 위험을 피할 수도 있지만, 오히려 위험을 데려올 수도 있다. 예를 들어 얼리 어답터가 제품을 손에 익히는 동안 늦은 사람들은 경쟁력 있는 제품을 만들기 위한 학습과 인재 확보를 하지 못하게 된다. 대중의 기대는 높아지는데 새로움이 없으면 이는 치명적인 단점이 된다. 한편 얼리 어답터는 새롭다는 측면에서 이점을 얻는다. 이것은 소비자와 친분을 쌓기 위해 문에 발을 들여놓을 수 있는 기회가 된다.

메타버스는 아직 초기 단계지만 일부 기업은 이미 자신도 모르게 뒤처졌을 수도 있다. 액센츄어Accenture는 2020년 선도하는 기업의 60% 이상이 '실시간으로 가장 관련성이 높고 역동적인 경험'에 대한 고객의 선호에 따라 혁신 전략을 선택하고 있다고 밝혔다. 이러한 기업은 브랜드와 소비자 간의 격차를 인정하고 행동으로 옮기고 있다.

메타버스는 지난 세대 기술의 변화를 놓쳐버린 기업에게 회복의 기회가 될 수도 있다.

어떤 마켓에서 어떤 규모로 운영하는 사업인지에 따라 기술 혁신을 실현하는 데는 몇 달, 혹은 몇 년이 걸릴지도 모른다. 방향을 바꾸려면 전략을 정의하고, IT나 기타 이해 관계자로부터 요구사항을 수집하고, 동의를 얻고, 예산을 마련하고, 파트너십을 구축하고, 시장 테스트를 진행하고, 투자 대비 수익을 최대화하기 위해 제품을 최적화해야 한다. 메타버스 도입이 지연되고 있다면 기회는 그만큼 빠르게 닫힐지도 모른다.

메타버스는 잠깐의 유행에 불과한가?

우리는 1990년대 후반 닷컴 버블 이후로는 보지 못한 기술 투자의 정점에 와있을지도 모른다. 페이스북은 메타버스를 도입하며 '메타'라는 이름으로 완전히 탈바꿈했다. 399억 달러의 가치를 지닌 게임 기업 일렉트로닉 아츠의 CEO인 앤드류 윌슨Andrew Wilson은 돈 버는 게임과 NFT가 곧 미래라고 말했다. 메타버스가 그저 유행에 불과하다면, 이렇게 책을 쓰고 있을 이유도 없다. 우리는 낙관적으로 보고 있지만, 당신은 조직의 다른 사람을 설득하기 위해 조금 더 구체적이고 설득력 있는 정보가 필요할 수도 있다.

베스트셀러 작가이자 강연자, 사업가, 교사인 세스 고딘Seth Godin은 트렌드란 더 많은 사람들이 참여할수록 추진력을 얻고 시간이 지나면서 힘을 얻는 것이라고 말한다. 반면 유행은 유한한 시간 동안 일시적인 기쁨을 줄 뿐이다.

메타버스가 유행이 아닌 트렌드인 이유는 무엇인가? NFT 활동만 봐도 기회와 트렌드를 더 잘 이해할 수 있다.

NFT 시장 통계

블룸버그Bloomberg는 2024년까지 메타버스 시장이 4,000억 달러에 이를 것으로 예상했다. NonFungible.com 통계에 따르면 메타버스에서 월별 판매 금액이 2020년 10월 150만 달러에서 2021년 10월 2,450만 달러 이상으로 증가했다.

NFT 거래의 총량은 2021년 1분기 5억 800만 달러에서 2021년 2분기 7억 5,400만 달러로 48% 증가했다. 구매자 수는 같은 기간 동안 68,900에서 94,830으로 38% 성장했다(NonFungible.com, 2021).

하나 혹은 그 이상의 NFT를 판매한 계정은 8,000개가 추가되어 판매자 수는 25% 증가하였다(NonFungible.com, 2021).

2021년 1분기에 활성 사용자가 127,000명이었고 '활성 지갑'은 2021년 2분기에 177,000명으로 39% 증가했다. 활성 지갑은 메타버스, 암호화 게임, 시장 또는 다른 곳에서 NFT와 상호 작용한 사람을 나타낸다(NonFungible.com, 2021).

더 오랜 기간으로 살펴보면 활성 사용자가 약 40,000명이었던 2020년 2분기 이후로 활성 지갑이 340% 증가했다(NonFungible. com, 2021).

'가상 상품 구매자' 중 64%는 가상 상품이 실제 가치가 있다면 게임을 더 열심히 할 것이라고 답했다. 같은 연구에 따르면 63%는 가상의 상품이 실제 가치로 거래되거나 판매할 수 있다면 더 많은 금액을 지불할 의사가 있으며, 51%는 돈을 버는 게임으로 실제 수익을 얻는 데 관심이 있는 것으로 밝혀졌다(볼하우스 어드바이저Vorhaus Advisors, 202).

우리가 여기에서 사용하는 일부 데이터는 모든 블록체인 또는 오프체인에서의 활동을 대표하지는 않는다. 또한 NBA TopShot과 같은 유명 프로젝트도 여기에는 포함되지 않았다. 하지만 이 데이터는 여전히 NFT와 암호화 세계의 트렌드와 움직임을 나타낸다.

NFT와 메타버스 통계를 살펴보면 트렌드가 어디로 향하는지 감을 잡는 데 도움이 된다. 예를 들어 메타는 메타버스를 개발하기 위해 유럽에서 10,000명의 직원을 고용할 것이라고 발표했다. 포트나이트Fortnite를 운영하는 에픽 게임즈Epic Games는 장기적인 메타버스 비전을 실현하기 위해 투자금 10억 달러를 유치했다. 이 두 가지 예는 메타버스로 넘어가는 과정 중 일부에 불과하다. 기업은 이것이 무슨 의미인지 읽어내야 한다. 포트나이트, 로블록스, 마인크래프트를 하는 아이들이 자라면서 더 크고 나은 가상 환경을 찾고 대형 기술 회사는 이를 문화적 표준으로 만들 것이다.

데이터와 트렌드는 시장 분석 및 NFT 데이터의 선두 주자인 NonFungible.com이 2021년 2분기를 '제2의 NFT 시대'의 시작이라고 이름 붙인 시점까지 지속적인 성장의 밑거름이다.

시장 동향은 매일 분석되고 해부되어 잠재적인 피크 또는 시장 붕괴를 식별한다. 모든 계층과 모든 부문의 회사와 기관은 이러한 유명한 NFT가 전략에 미칠 수 있는 영향에 의문을 갖기 시작했다. 가장 진보된 기업은 이미 NFT를 기반으로 하거나 NFT를 사용하여 미래의 제품을 개발하는 과정에 있다(Non-Fungible Tokens 분기별 보고서: 2021년 2분기).

이러한 데이터의 중요성은 디앱이 주로 사일로에 있는 메타버스의 현재 상태에서 나온다. 우리는 NFT, 아바타 및 기타 자산이 메타버스의 한쪽 끝에서 다른 한쪽 끝으로 더 큰 의미와 유용성을 얻는 블록체인 전반의 상호 운용성과 함께 기하급수적인 성장이 일어난다고 믿는다.

업랜드의 NFT 포털은 메타버스에서 진정한 상호 운용성을 나타내는 예라고 할 수 있다. 상호 운용성이란 서로 다른 시스템, 네트워크, 블록체인 또는 기타 기술이 데이터를 교환하기 위해 연결될 때를 말한다. 업랜드 NFT 포털을 통해 플레이어는 다른 디앱의 NFT를 게임으로 가져올 수 있다. 이론적으로 크립토키티 또는 톱샷 모멘트TopShot Moment는 업랜드 NFT 포털이 잘 작동할 때 포털 내에서 업랜드 자산을 거래하는 데 사용할 수 있다. 이것은 벼룩시장, 위탁 판매점, 또는 크레이그리스트Craigslist에서 가장 좋은 가격에 가구를 판매할 수 있는 것과 유사한 효과가 있다. 여러 환경에서 디지털 자산을 실행하는 상호 운용성 증가는 플레이어와 기업의 가치 창출로 이어진다. 이것은 또한 NFT에 추가 유틸리티를 제공한다. 사용자가 자산을 사용하면 NFT는 지갑에 가만히 앉아 있을 수가 없다.

브랜드를 위한 메타버스 경제의 핵심 가치 제안

기업이 디지털 우선 소비자와 연결하기 위해 혁신해야 한다는 아이디어에 동의하고 데이터가 메타버스 경제를 지지하는 기둥이라고 생각한다면, 이제 메타버스에서 기다리고 있는 기회를 살펴볼 차례다. 우리는 바로 눈앞에서 괴물이 탄생하는 것을 지켜보고 있다. 블룸버그는 NFT 시장이 2021년에 400억 달러를 넘어섰다고 보도했다. 이를 감안하면 2020년 상반기 NFT 매출은 1,370만 달러에 그쳤다.

모든 회사는 메타버스에 대한 고유한 전략과 사용 사례를 개발할 것이지만 오늘날의 메타버스 경제에서 볼 수 있는 핵심 가치 제안으로 사고 프로세스를 시작할 수 있다.

| 의미 있는 팬 참여와 팬덤의 미래

인터넷과 전자상거래의 부상으로 소비자는 구매 경험을 스스로 완전히 통제할 수 있게 되었다. 회사가 주도권을 가지고 가기는 쉽지 않다. 브랜드가 메타버스 경제를 통제하는 것이 아니라 메타버스는 판매뿐 아니라 실제 세계에서 실행 중인 프로그램에 가치를 가져올 수 있는 게임 내 활동을 통해 제품을 맥락화하는 새로운 방법을 제공한다.

브랜드가 메타버스에서 NFT를 비롯한 상호 작용 경험을 생성하면 소비자가 브랜드에 참여할 수 있는 새로운 방법을 제공하는 것과 같다. 또한, NFT는 고객이 NFT를 재판매하여 수익을 얻을 수 있도록 한다. 이것은 고객이 당신의 제품을 평가하는 방식을 근본적으로 바꿔놓는다. 그저 제품을 소비하는 것이 아니라, 당신의 브랜드에 투자하는 것이다. 대주주가 아니더라도 기업이 하는 일에 관심을 갖게 된다. 디지털 활동이 성공을 거두면 이는 곧 고객의 성공이 된다. 사용자에게 더 큰 명예와 즐거움, 더 높은 가치의 자산을 제공함으로써 브랜드의 위상을 높이고 수익을 창출하는 공생 관계가 되는 것이다.

소비자와 채널, 완벽한 한 쌍이 가지는 힘

기술이 발전하면서 미디어가 더욱 현실적으로 몰입할 수 있도록 변화하는 것은 어쩌면 당연하다. 1938년 사람들이 들었던 라디오 소리는 지금은 아무 감흥이 없지만, 당시에는 전파가 문화에 깊은 영향을 미쳤다. 대표적인 예로 CBS 라디오에서 H. G. 웰스H. G. Wells의 소설 《우주 전쟁》을 올슨 웰스Orson Welles가 각색한 적이 있다. 이 방송은 소설 속 외계인의 침략을 마치 실시간으로 일어나는 일처럼 꾸미기 위해 라디오 뉴스 형식으로 이야기를 재구성했다. 당시에는 상당히 충격적인 일이었고 이 프로그램의 많은 청취자들은 외계인의 침공이 현실이라고 믿을 지경이었다. 그 의도가 무엇이었든 웰스는 상당한 반향을 일으켰다. 그날 밤, CBS 전화는 먹통이 될 정도였고 사람들은 방송국에 쳐들어오려 했다. 타임스 스퀘어 광고판에는 '올슨 웰스가 혼란을 일으키다'라고 적혀 있었다. 《뉴욕 타임스》는 1938년 10월 31일자 1면 중앙에 이 이야기를 실었다.

이 20분짜리 방송은 파문을 일으켰다. 올슨 웰스는 이후 많은 쇼를 통해 나머지 커리어를 이어갔고 덕분에 유명세를 얻었다. 1957년 CBS는 TV 쇼에서 웰스가 일으킨 반향을 다루었고 방송국 차원에서 75주년이 된 그의 방송을 기념했다. 뉴저지의 어느 마을에서는 '외계인 착륙'이 발생했다는 라디오 방송을 기리기 위한 명판을 세웠다. 올슨 웰스는 라디오 명예의 전당에 올라갔고 방송 80년 만에 휴고상Hugo Award을 수상했다. 《우주 전쟁》은 영화, 라디오, 텔레비전, 음악 등 여러 매체에서 각색되는 고전 작품이 되었다.

이것은 창작자가 콘텐츠와 소비자 사이 완전히 새로운 접점을 만들기 위해 문화에 영향을 미치는 매체를 사용하며 저작권을 완벽하게 적용하는 한 가지 예일 뿐이다. 수백만 개의 거실에 VR이 있고 AR 안경이 돋보기안경만큼이나 흔해진다면 사람들이 어떻게 생각할지 상상해보자. 과거 라디오 방송과 마찬가지로 메타버스는 사람들이 탐색하고 기업이 채워나가야 하는 다음 개척지를 가리키고 있다.

| 새로운 고객과의 만남

핀테크 기업 스틸트Stilt는 암호화폐 구매자의 94%가 Z세대와 밀레니얼세대라고 발표했다. 이들은 18세에서 40세 사이로 오늘날 소비자 구매력의 대부분을 차지한다. 2010년 이후 태어난 알파세대는 암호화폐에 투자하기에는 아직 어리다. 하지만 그들은 이미 로블록스, 포트나이트, 마인크래프트와 같은 게임 내 메타버스에 익숙해지고 있다. 이들은 이제 게임의 차원을 넘어 게임 세상에서 평생 친구를 만드는 일종의 사회며 플레이어가 온라인에서 정체성을 가질 수 있게 하는 놀이터다.

또한 블록체인 게임, NFT 및 더 큰 메타버스를 위한 시험장 역할을 하는 수십억 달러 규모의 어린이 놀이터다. 다음 세대 사용자들은 이제 5~8년 이내에 산업 현장에 뛰어들 것이다. 그들 앞에 당신의 기업을 내보여야 시장에서 살아남을 수 있다.

| 문화적 관련성

탈중앙화 경제라고 해서 사람들이 더 많은 돈을 쓰지는 않지만, 스스로에게 정보를 제공하는 방식이나 거래 방식은 변화하고 있다. 메타버스와 블록체인 생태계는 이미 성장하는 문화를 만들어냈다. NFT는 결국 메타버스에 '무엇'을 가져오느냐 하는 결과물이지만, 어떻게 판매하고 어디에서 경험을 만들 것이며 왜 그러한 경험이 소비자에게 중요한지도 생각해야 한다.

당신이 브랜드 가치를 시장에 서서히 주입하지 않는다면, 시장이 당신을 위해서 할 것이다. 인터넷이 진화하면서 메타버스는 오래된 브랜드와 신생 브랜드를 나눌 것이다. 얼리 어답터는 시장이나 산업의 흐름을 변화시키면서 현대 소비자가 가치를 두는 방식으로 브랜드를 해석할 수 있다. 이는 작은 조직이 큰 기업을 뛰어넘을 수 있는 좋은 기회가 된다. 장년층을 대상으로 하는 사업의 경우에도 메타버스가 브랜드에 활력을 불어넣을 수 있다.

이제 기업의 손에 달려 있다. 고맙게도, 메타버스는 회사를 위해 궂은일을 마다하지 않는다. 수많은 디앱 생태계를 통해 제공되는 경험은 같은 생각을 가진 사람들을 끌어들인다. 반려동물 훈련이나 판타지 세계에 관심이 있는 사람이라면 엑시 인피니티와 같은 게임으로 갈 것이다. 어린 시절 살던 동네나 유명한 도시를 방문할 수 있는 지구와 유사한 세계에 관심이 있다면 업랜드에 끌릴 것이다. 이렇게 회사들이 분류된다.

물론 더 세분화할 수 있지만, 어쨌든 게임 개발자들의 의지가 중요하다. 이러한 커뮤니티가 자체적으로 구성되고 참여하며 블록체인 기술 위에서 동작한다는 사실은 메타버스를 풍성하게 하고 브랜드가 계속 메타버스에 연관되어 있게 하는 하나의 도약 지점 역할을 한다.

다이아몬드 코팅된 문화

문화는 어떻게 탄생하는가? 비슷한 아이디어와 목표, 열정을 가진 사람들을 한데 불러 모아 플랫폼을 던져주고 어떤 일이 일어나는지 살펴보자.

예로 리처드 첸Richerd Chen이 있다. 2021년 10월 〈디크립트Decrypt〉에서 발표한 글에는 첸을 이렇게 소개했다. 'NFT 스마트 계약을 개발하는 매니폴드Manifold의 공동 창립자이지만 59,000명 이상의 트위터 팔로워에게 그는 3D 안경, 검은색 짧은 머리, 입에 담배를 물고 있는 펑크일 뿐이다.'

첸의 크립토펑크 아바타의 비트닉Beatnik한 분위기 때문에 기사에서는 그를 대문자 P를 사용한 '펑크Punk'라고 언급했다. 크립토펑크는 가장 인기 있는 NFT 중 일부다. 발행된 크립토펑크는 10,000개나 있으며 이 책이 출판되는 시점에서 이러한 NFT 중 하나를 사려면 최소 35만 달러에서 40만 달러는 줘야 한다. 수백만 달러에 판매되는 펑크도 많다. 무슨 사진 한 장에 그 돈을 쓰냐고 할지도 모른다. 하지만 첸에게 그의 크립토펑크는 감히 값을 매길 수 없는 가치가 있다. 첸은 2021년 10월 14일 트위터를 통해 다음과 같이 말했다. '누가 뭘 갖다 줘도 내 펑크와는 바꿀 생각이 없다.' 다음 날 어떤 사람은 첸을 시험해 보겠다고 950만 달러, 당시 2,500개의 토큰을 이더리움을 통해 제안했다.

사진 한 장 가격으로는 상당히 괜찮은 조건이었지만, 첸은 어렵게 '거절'을 했다. 이어지는 트윗으로 첸은 회사가 로고를 소중히 여기는 것과 마찬가지로 자신의 아바타를 소중히 여긴다고 말했다. 첸은 이것이 돈과 바꿀 수 없는, 훨씬 더 가치 있는 것이라고 생각했다.

'다이아몬드 손'이라는 용어는 암호화폐 커뮤니티에서 보수적인 투자를 하는 사람들을 일컫는 말이다. 이들은 오직 자신이 믿는 것만을 바탕으로 결정을 내린다. 이는 문화의 기반이 되는 가치인 성장하는 메타버스 커뮤니티의 기반이 된다. 기업은 첸과 같은 사람들의 말을 잘 들어야 한다. 편승 효과 덕분에 기업이 고유한 디지털 자산으로 NFT 커뮤니티를 지원할 여지가 충분하다.

| 새로운 디지털 수익원

사람들은 그들이 원하는 것, 혹은 시장이 원할 것이라고 생각하는 것에 기꺼이 비용을 지불한다. 당신의 NFT가 크립토펑크처럼 수백만 달러에 팔리지 않더라도 이러한 디지털 자산은 비교적 저렴하게 생산할 수 있고 즉시 수익을 낼 수 있다. 예를 들어 스피릿 핼로윈Spirit Halloween은 업랜드와 협력하여 유명한 핼로윈 지적재산권의 NFT를 메타버스에 발행했다. 블록 익스플로러의 일부 아바타는 10분 이내에 매진되었다. 이는 디지털 생태계에서 물리적 상품의 가치를 확장하는 기업의 좋은 예다.

수익은 여기에서 멈추지 않는다. NFT를 발행하고 판매하면 2차 판매 수익의 일부를 얻는다. 따라서 누군가 오픈시에서 NFT를 판매하면 NFT의 원제작자도 일부 로열티를 받게 된다. 이것은 물리적 상품은 2차 판매에서 전혀 수익을 얻지 못하는 것과는 대조적이며 큰 장점이 있다. 게임스톱GameStop을 예로 들어보자. 이 게임 판매업체는 고객으로부터 게임을 구매하여 매장의 크레딧을 제공한다. 그런 다음 보상 판매를 시작하고 모든 이익을 가져간다. 게임 개발자에게는 아무것도 돌아가지 않는다. 하지만 메타버스에서는 모두가 한 조각씩 나눠 갖는다. 모두가 이기는 게임인 것이다.

▎실행 가능한 통찰

블록체인 덕분에 이제 막 디지털 자산을 완전히 추적할 수 있게 되었다. 이 추적 가능성을 통해 기업은 지식재산권을 온라인으로 출시할 때 필요한 신뢰를 갖게 되었다. 메타버스는 투명한 시장이다. 더욱이 실시간으로 많은 데이터를 생성한다. 모든 행동, 혹은 행동하지 않음도 많은 도움이 된다.

디스코드, 레딧 등과 같은 소셜 미디어에는 커뮤니티가 있고 유용한 피드백을 제공한다. 조금만 주의를 기울이면 당신의 메타버스 전략이 어떻게 돼 가는지 알 수 있을 것이다. 너무 많거나 너무 적은 NFT를 발행했을지도 모른다. 혹은 따라야 할 트렌드가 있을 수도 있다. 예를 들어 당신은 신발 제작자며 메타버스에서 아바타가 착용할

NFT 신발을 출시하려 할 때, 주황색보다는 녹색이 향후 더 나은 수익이 될 것이라는 데이터를 보고 커뮤니티에 반영할 수 있다.

시간이 전부다

하드 데이터와 그에 따른 가치 제안은 상승하는 추세다. 하지만 이 모든 증거에도 불구하고 우리는 질문을 해야 한다. 왜 지금인가? 앞서 우리는 혁신에는 시간이 걸리기 마련이라고 언급했다. 작은 메타버스 프로젝트라도 다양한 영역에서 기업에 얼리 어답터로서의 이점을 제공할 수 있다.

소비자의 입맛에 맞춰 NFT를 정제한다. 현재 유명한 NFT는 많이 있지만, 그만큼 사라지는 NFT도 많다. 성공적인 브랜드 포지셔닝을 위해 올바른 디지털 제품과 그에 수반되는 경험을 만드는 방법을 배워야 한다.

사용자가 NFT로 할 수 있는 더 높은 가치의 활동을 발견한다. NFT를 발행하고 손을 씻는 것이 아니다. 메타버스는 단순히 자산을 수집하는 것이 아니라 경험에 관한 것이다. 훌륭한 기업은 게임화를 통해 이야기에 집중한다. 이것은 메타버스 놀이, 문화, 소비의 미래를 형성하는 경험이다.

메타버스 전략을 중심으로 더 강력한 마케팅을 구축한다. 빠르게 선점할수록 당신의 목소리를 찾고 관중을 모으는 데 도움이 된다. 시장이 덜 붐비면 그만큼 소비자가 당신을 찾아내기가 더 쉽다. 시장에 늦게 진입하면 시장에 발을 들여놓기가 더욱 어려워진다.

인재를 모집한다. 웹 전문가나 소셜 미디어 전문가와 마찬가지로 메타버스 시장의 인재에 수요가 높아질 것이다. 적합한 인재를 경쟁사보다 먼저 찾고 필요한 기술을 구축하는 것은 전략을 실행하는 데 중요하다.

전략적 파트너십을 구축한다. 처음부터 메타버스 프로젝트를 시작하는 데 필요한 모든 지식이나 기술을 가지고 있지는 않을 것이다. 혁신적인 메타버스 업체나 저명한 리더와 함께 1층에 머물겠는가, 아니면 그들의 포트폴리오의 일부가 되겠는가?

메타버스 도입의 골짜기를 건너다

이 책의 지식이 메타버스를 적용하는 데 많은 도움이 되기를 바란다. 이 책을 제프리 A. 무어Geoffrey A. Moore의 《캐즘 마케팅》에서 말하는 기술 적용 스펙트럼에 적용해서 설명하면 우리는 여전히 얼리 어답터 중에서도 시작 단계에 있다. 그럼 이쯤에서 메타버스의 미래에 다음과 같은 의문이 생긴다. 메타버스는 어떻게 골짜기를 건너 주류가 되는가?

메타버스 사용자들은 대부분 최첨단 암호화 애호가들이다. 그들은 메타버스 경제를 어떻게 활용할지 이해하고 싶어 한다. 어떤 면에서 이들은 미지의 것을 받아들이는 일종의 혁신가라고 할 수 있다. 이후에는 주류라고 불리는 사람들이 참여한다. 이 사람들은 메타버스 자체로는 프로가 아닐지 몰라도, 디지털 경제에는 프로일 것이다. 그들은 자산 소유권과 재판매 가능성의 가치를 이해하고 있다. 이들의 행동은 메타버스에서 '기본적인' 상호 작용 대부분을 결정한다. 아이템을 얻고, 세계에 몰입하고, 아이템의 가치를 증가시키고, 자산을 재판매하고, 같은 생각을 가진 사람들의 커뮤니티를 형성하는 등이다.

이것은 우리를 골짜기로 이끈다. 현재 암호화폐 지갑을 설정하고 암호화폐 거래소에 등록하고 자격 증명 확인 등 작동 방식을 학습하는 데는 '암호학적 복잡성'이 많이 존재한다. 이 모든 것에는 시간과 인내심이 필요하다. 세상만사가 귀찮아도 호기심이 남아있다면 이 호기심이 장벽을 넘어가게 해준다. 그러나 아이폰이나 아이폰 앱처럼 사람들을 직관적으로 이끌기 위해 단순한 것을 찾는 경우에는 그렇지 않을 수도 있다. 디지털 능력이 부족한 사람들을 위해 복잡성을 소비자 친화적인 경험으로 간소화하는 개선의 물결을 보게 될 것이다. 향후 몇 년 안에 이것이 현실화되면 사용자의 약 35%가 올라탈 것이고 뒤늦게라도 올라타는 사람들이 30~40%는 될 것이다.

우리는 이 책 전체에서 NFT 유틸리티의 이점, 활동적인 커뮤니티의 활력과 몰입의 필요성 등 경험의 중요성을 다룬다. 사업은 새로운 사용자를 끌어들이는 매력 포인트가 될 것이다. 그러나 메타버스는 안정성과 성능, 즉 프로그램이 얼마나 잘 실행되는지 그 한계까지 뻗어나갈 것이다. 잠재력을 최대한 발휘하기 위해서는 성능을 업그레이드해야 한다. 트랜잭션 속도와 에너지 소비 문제는 이미 언급되고 있으며, 수백만 명의 사용자가 메타버스에 뛰어들며 트랜잭션 더미에 또 더미를 추가한다.

성능 향상은 주로 블록체인 플랫폼과 앱 운영자에게 달려 있다. 거시적 수준의 개선은 레이어 1 및 레이어 2 블록체인 인프라, 특히 작업 증명Proof-Of-Work, POW 방법 대신 지분 증명Proof-Of-Stake, POS 방식이 발전하면서 이루어졌다. 여기에서는 자세히 다루지 않을 것이다. POS가 더 빠르고 에너지를 절약하는 방법이라는 것만 알아두길 바란다. 요약하면, 느리고 비싼 인프라는 발전하지 못한다. 하지만 POS를 비롯한 개선 사항은 이미 메타버스에 적용되고 있으며 이는 앞으로 어떤 일이 일어날지 시사한다.

웹 3.0 기술이 기업에 미치는 영향

오늘날 메타버스 경제가 유망한 만큼 기본이 되는 기술은 여전히 무르익는 중이다. 다가오는 진화에 대한 인식은 메타버스 전략을 더욱 강화한다. 웹 3.0 기술, 특히 다음과 같은 기술에 익숙해질 필요가 있다.

- AR과 VR
- 암호화폐와 블록체인

- 클라우드와 엣지 컴퓨팅
- 5G(그리고 5G를 뒷받침하는 이동 통신 표준)

각자 책 한 권씩 써도 모자라겠지만, 기술 시장을 조금이나마 더 잘 소화하기 위해 중요한 개념만 짚고 넘어가보자.

| 메타버스로의 입구 역할을 하는 기술

이러한 모든 기술은 소프트웨어 플랫폼과 하드웨어 네트워크에서 메타버스를 더욱 몰입감 있게 사용하고 상호 운용할 수 있도록 하는 인프라이자 진입 지점이다. 우리는 메타버스를 적용하기 위해 하드웨어가 매우 중요하다고 생각한다. 왜일까? 간단히 말하면, 메타버스는 모바일 장치나 데스크톱, 웨어러블 기기 없이는 접근하지 못한다.

VR이나 AR, 5G 지원 모바일 기기와 같은 최신 기술 중 일부는 메타버스를 경험하는 데 꼭 필요하지는 않지만 기술 애호가들에게는 매력적이다. web3d, VR 데스크톱 모드 및 AR과 같이 오래된 기술은 오늘날 대부분의 사람들이 사용하는 장치나 네트워크에서 더 잘 작동한다. 이러한 기능을 통해 사용자는 더 낮은 가격으로 메타버스로 향하는 문을 열 수 있고, 그곳에 존재하는 대부분의 메타버스 콘텐츠는 이러한 기술을 위해 구축되었다. VR 헤드셋이나 5G 휴대전화, 강력한 컴퓨터 등 다음 세대 기술을 통해 사람들은 더 들어오겠지만, 하드웨어 비용을 낮추거나 콘텐츠가 개발자나 소비자로부터 더 큰 관심을 얻기 전에 더 강력한 기술의 강점에 의존해야 한다. 즉, 사람들의 이목을 집중시키고 다가오는 메타버스의 잠재력을 보여줄 수 있는 '와우Wow 포인트'가 확실히 있다.

메타버스 경제에서 블록체인 기술의 관련성

더욱 발전된 기술은 더욱 몰입된 경험을 선사하고 더 많은 거래를 성사시킨다고 주장할지도 모르겠다. 그럴 수도 있지만, 블록체인과 암호화폐의 중요성을 강조하고 싶다. 우리는 이전 장에서 암호화폐와 토큰을 광범위하게 다루었다. 블록체인은 데이터를 저장하는 수단이다. 암호화폐가 블록체인으로 만들어지지 않았더라도 이 기술은 여전히 메타버스에 매우 중요한 기술이다. 메타버스가 사용자 아바타나 NFT 자산, 개인 데이터와 같은 모든 종류의 데이터를 저장하는 데 필요한 소유권이라는 개념을 가능하게 한다.

기술 채택 곡선

기술 채택의 '시기'는 우리가 보고 있는 기술과 '채택'을 연결하는 선을 어디에 그리는지에 따라 달라진다. 클라우드 컴퓨팅 기술은 이미 대부분의 사람들이 자신이 사용하고 있는지조차 모를 정도로 채택되어 있다. 그리고 블록체인은 클라우드의 유비쿼터스 상태로 나아가고 있다. 블록체인에서 일반 대중이 실행하는 부분은 극히 일부에 불과하며 IBM과 같은 대기업이 공급망 관리 등을 위한 블록체인 제품을 보유하고 있다. 즉, 우리 대부분은 이미 이 기술의 직간접적인 영향을 받고 있다. 그리고 우리가 메타버스 관점에서 클라우드와 블록체인을

3장 메타버스의 비즈니스 사례 구축

본다면, 이들이 바로 오늘날 메타버스를 만드는 재료가 된다는 사실을 쉽게 알 수 있다.

스마트 안경과 같은 5G 및 AR 웨어러블 기기는 한마디로 단정하기 어렵다. 서비스업체마다 이 기술에 접근하는 방식이 서로 다르기 때문이다. N리얼Nreal과 버라이즌Verizon만 봐도 알 수 있다. 소비자가 사용할 수 있는 AR 헤드셋인 N리얼이 있지만 미국에서는 5G를 사용하는 일부 버라이즌 고객만 사용할 수 있다. 채택되기까지는 얼마 남지 않았다는 뜻일 수도 있다. 그러나 더 많은 휴대전화가 5G를 활용하고 더 많은 서비스업체가 AR 제조업체와 계약하고 더 많은 제조업체가 더 많은 소비자 기술을 개발할 때까지 이 기술은 적어도 몇 년 동안은 주류가 되지 못할 것이다.

우리는 사실상 VR과 비슷한 것들을 보고 있다. 페이스북이었다가 이제 메타가 된 회사는 현재 소비자에게 합리적인 가격으로 6 자유도 (6DoF) 헤드셋을 제공하는 유일한 회사다. 퀘스트Quest라고 불리는 이 하드웨어를 적용한 곳은 많이 있다. 그러나 메타의 평판 하락은 걸림돌이 된다. 저렴한 헤드셋이 메타에만 좋은지, 아니면 업계 전반에 좋은지 아직 알 수 없다. 바르요Varjo 및 바이브VIVE의 다른 VR 기술은 최근 적절한 가격으로 출시되었지만 이러한 모델은 메타의 퀘스트 사양에는 미치지 못한다. 피코Pico는 6 자유도 헤드셋이 있는 흥미로운 VR 하드웨어지만 최종 가격과 전체 사양은 이 책이 출판되는 시점에 아직 공개되지 않았다. 간단히 말해, VR은 오고 있지만, 아이폰과 같이 시장을 장악한 제품은 아직 없다. 앞으로 5년은 VR 시장에서 더 많

은 경쟁의 일환으로 가격 경쟁과 다양한 메타버스 콘텐츠를 보게 될
것이고 VR, 궁극적으로는 AR이 메타버스의 기본 포털이 되면서 모바
일이나 데스크톱을 추월하게 될지도 모른다.

기술 채택을 완전히 파악하는 가장 좋은 방법은 컴퓨터는 2년마다
성능은 두 배, 가격은 절반이 된다는 무어의 법칙Moore's Law을 되돌아
보는 것이다. 하지만 경쟁이 없다면 아무렇게나 되고 말 것이다.

| 기업 내부에 웹 3.0 기술 팀이 필요할까?

정답부터 말하자면, 그렇지 않다. 사스SaaS 기반 플랫폼이나 클라우드,
기타 중요한 기술에서 보듯이 기업은 웹 3.0 기술을 다루는 회사와 협
력할 수 있다. 외부 업체를 이용한다는 것에는 물론 장단점이 있다. 내
부에 조직이 있으면 창의적이고 민첩하게 특정 요구사항에 맞추어 인
재를 키워낼 수 있다. 하지만 해당 인원에 대한 비용이라는 명확한 요
구사항이 발생한다. 특히 파일럿 프로젝트의 경우에는 외부 업체에
맡기는 편이 낫다. 하지만 그러한 업체에도 전형적인 한계가 존재한
다. 우선순위에서 밀리거나 개발 기간이 지연될 수도 있고, 비용이 가
파르게 상승할 수도 있다. 그러나 내부적으로는 얻을 수 없는 중요한
경험을 제공할 수 있으며 이 자체로 큰 도움이 될 수 있다.

| 웹 3.0 기술에 대비

다음 기술 도약을 준비하기 위해 당신이 할 수 있는 일이 있을까? 물
론이다. 그리고 이미 하고 있다. 어떤 기술이 있고 어떻게 사용되는지

인식하는 것이 중요하다. 기업은 웹 3.0 기술, 사용 사례 그리고 그 산업에서 활성화시킬 수 있는 방안을 연구하는 연구진을 구성해야 한다. 이 기술의 많은 부분이 아직 초기 단계며 산업을 이끌어가는 사람들조차 아직도 실험 중이라는 사실을 명심해야 한다. 그리고 다른 이의 계획을 똑같이 따라 해서는 이 바닥에서 성공할 수 없다는 사실도 기억해야 한다. 시행착오를 통해 교훈을 얻는 사람만이 성공할 것이다. 다른 사람의 계획을 가져다가 쓰는 것은 실패로 가는 지름길이다.

보다 능동적으로는, 모든 것을 내부적으로 저장하고 분류하는 것이 좋다. 예를 들어 생산 주기 동안 디지털 모델을 사용한 작업을 한다면 메타버스 내에서 가성비가 좋은 NFT를 개발하거나 기타 제품을 디지털화할 수 있다. 이를 통해 메타버스를 잘 이해한 회사는 동일한 품목을 여러 사람에게 여러 번 판매할 수 있게 만든다. 혹은 프로토타입에 사용된 같은 모델을 원격 지원이나 VR 교육을 위한 AR 모델로 변환하거나 NFT로 판매할 수 있다.

저자의 인사이트

캐시 해클

라디오는 우리가 정보와 연결하는 방식을 바꾸어 놓았다. 그다음에는 문화적, 경제적 변화를 완전히 다른 수준으로 끌어올린 텔레비전이 등장했다. 메타버스는 모바일 웹의 뒤를 잇는 인터넷의 미래다. 우리는 거대한 패러다임 전환의 초기 단계에 있다. 게임은 메타버스로 들어가는 입구다. 현재 메타버스 플랫폼 내에서 인기 있는 경험은 로블록스, 포트나이트, 엑시 인피니티, 업랜드, 마인크래프트와 같은 게임에서 비롯된다. 게임은 사용자와 상호 작용하며 메타버스의 개념을 이해하기 쉽게 만드는 방법이다. 사람들이 소통하고, 거래하고, 시간을 보내는 방식은 점차 새로운 경험으로 옮겨갈 것이다. 어느 날 아침 일어나보면 가상 세계와 물리적 세계가 겹쳐서 디지털 세계와 현실 세계의 정체성이 뒤섞여 있을지도 모른다.

더크 루스

독일 철학자 쇼펜하우어의 진실의 3단계가 떠오른다. 먼저 조롱이 온다. 어떤 방해꾼이 등장하면 주류에 포함된 사람들은 손가락질하고 비웃는다. 그다음은 반대다. 사람들이 밀려오는 파도에 저항한다. 변화에 맞서 싸우는 것은 자연스러운 일이지만, 기업이 빠지는 함정이 되기도 한다. 그들은 변화와 차별화에 기대는 대신, 때를 기다린다. 때

맞춰 틈새로 뛰어들어 시장을 점유하려는 사람들에게 여지를 남긴다. 마지막으로, 당연하게도 파괴자가 새로운 규범이 된다. 쇼펜하우어의 프레임워크는 채택 곡선을 완벽하게 따른다. 그렇다면 이제 궁금하다. 얼마나 오래 기다릴 것이며, 그동안 메타버스에서 고객이 당신의 경쟁자에게 넘어가는 것을 언제까지 지켜만 볼 것인가?

토마소 디 바르톨로 ─────────────────────

내가 쓴 기업 혁신 책에서 나는 기업이 경험을 시작하는 데 중점을 둔 일종의 '특공대'를 구성하라고 권장한다. 여러 파트너와 소비자 그룹이 있는 소규모 환경에서 평가하고 테스트하는 이 팀을 통해 전략과 실행을 중앙 집중화해야 한다. 내부 지식만을 기반으로 새로운 것을 만들지마라. 메타버스로 이동하여 소비자 및 당신의 비즈니스와 관련된 관련성을 이해하는 파트너를 찾자. 이러한 외부 파트너와 협력하면 주제별로 학습은 가속화하면서 위험 부담은 나눠지기 때문에 혁신의 위험을 줄일 수 있다. 게임화된 메커니즘을 제공하고, 자산 설계를 지원하고, 마케팅 파트너가 될 수 있는 협력 업체를 찾자. 이것이 틈새를 건너기 위한 기준이다.

4장

메타버스 소비자를
만나다

MEET
THE METAVERSE
CONSUMERS

메타버스는 결국 같은 생각을 가진 사람들이 모인 커뮤니티에 참여하는 문제이기 때문에, 메타버스 전략을 시작하기 위해서는 메타버스를 구성하고 있는 소비자부터 연구해야 한다. 그들이 누구이고 무엇을 원하는지 그리고 어떻게 메타버스에 참여하는지 알면 기업이 만들고자 하는 디지털 제품과 서비스에 직접적인 영향을 미칠 수 있다.

앞서 우리는 소유권의 중요성을 강조했다. 사교 활동이나 게임, 아이템 구매, 정보 소비 등 가려운 곳을 긁는 동시에 실제 가치로 환산되는 자산을 얻는 것은 이전에 인터넷에 존재하던 그 어떤 것보다 더 훌륭한 보상 시스템이다. 텔레비전, 영화, 게임, 소셜 미디어, 책, 팟캐스트 등은 경쟁이나 승리를 통해 얻는 쾌감과 재정적, 외재적 가치를 동시에 가져오는 이 일석이조의 조합을 만들어내지 못한다. 그렇다면 이제 메타버스에서 누구에게 판매할지 자세히 살펴보자.

사람들

전통적인 비디오 게임은 게임이 서비스되는 플랫폼이나 장르에 따라 사람들을 모집한다. 링크드인LinkedIn은 전문적인 사람들을 끌어들이고, 틱톡은 짧은 영상에 열광하는 젊은 세대를 끌어들인다. 이러한 예가 틈새시장이나 관심사를 기반으로 한다고 가정한다면, 메타버스는 게임, 소셜 미디어, 전자상거래, 콘텐츠 스트리밍 서비스 등의 요소를 결합하는 더 광범위한 매력을 가지고 있다고 가정할 수 있다.

디앱은 대부분 사용자의 개인 정보를 보호하거나 데이터 보호법에 따라 추적되지 않도록 하기 때문에 메타버스에 사용자 데이터를 제공하는 것은 어려운 일이다. 따라서 우리는 특정 데이터 포인트에 의존하여 오늘날 사용자가 어떻게 구성되어 있는지 추측해볼 수 있다.

- 미국 인구의 약 11%가 암호화폐에 투자한다. 약 3,300만 명이다. 이 모든 사람들이 메타버스 자체에 관심이 있다고 단언할 수는 없지만, 전 세계적으로 암호화폐를 사용하는 사람이 2018년에서 2020년 사이 190%나 증가했다는 사실을 알고 있으면 암호화폐를 소비할 수 있는 메타버스 시장의 잠재력을 알 수 있다.
- 사용자가 가장 많은 국가는 미국, 중국, 필리핀, 인도, 태국, 인도네시아, 러시아, 브라질, 영국이다.◆
- 블록체인 게임에 연결된 활성 암호 지갑의 수가 매월 64% 증가할 만큼 블록체인과 암호화 게임이 화제다.◆
- 메타버스 사용자의 37% 이상을 차지하는 지배적인 연령대는 25~34세다. 다음은 18~24세가 27%를 차지한다. 이 이상으로는 나이가 많을수록 메타버스에 대한 관심은 적다.
- 블록체인에 들어온 사람들의 3/4은 남성이다.◆

◆ 이 책이 출판되는 시점에는 모든 디앱의 사용자 통계를 모니터링한 데이터는 없다. 데이터는 주로 디앱레이더DappRadar에 등록된 사용자를 기반으로 작성되었으며 이것이 블록체인 사용자 전체를 대변하지는 않는다. 그러나 이러한 통계가 '방향성' 정도는 제시해준다.

　　탈중앙화 금융은 기존의 금융 시스템에서 볼 수 있는 재력가 남성 네트워크나 유리 천장을 무너뜨리기 위한 것이기 때문에 남성이 대다수를 차지한다는 사실은 흥미롭다. 그러나 아직은 메타버스의 초기 단계다. 모든 성별과 정체성이 뛰어들 시간은 충분하다. 전통적인 비디오 게임을 생각해보면 결국 저울은 균형을 이룰 것이다. 스태티스타Statista에 따르면 2021년 게임을 하는 사람의 45%가 여성이다. 다음은 소셜 미디어에 어떤 성별이 들어올지 도움이 될 수 있다.

1. **스냅챗**Snapchat **사용자 :** 여성이 56%, 남성이 43%
2. **인스타그램** Instagram **사용자 :** 여성이 51%, 남성이 48.6%
3. **페이스북 사용자 :** 여성이 43.6%, 남성이 56.4%

　　이러한 통계는 기본 페르소나, 시장 세분화 등을 거쳐 브랜드를 시작하는 데 도움을 주고, 이는 NFT 제품 개발, 마케팅, 시장 진출 전략을 세우는 데도 유용하다. 그러나 메타버스가 얼마나 빠르게 성장하는지 명심해야 한다. 사람들은 매일 새로운 가능성으로 나아간다. 이런 과정을 거치며 메타버스가 주류가 되는 동안 사용자 형태는 향후 몇 년 동안 계속해서 바뀔 것이다.

디지털 격차 해소

암호화폐 시장의 '큰 손'과 그들의 지갑에 있는 스크루지 맥덕Scrooge McDuck만큼의 부를 남성 사용자가 지배하면서 메타버스 내 디지털 격차에 대한 우려가 커지고 있다. 여기에서 격차란 암호화폐나 실제 사회 경제학 측면의 빈부 격차 그리고 성별 격차 등을 포함한다. 아마도 이 문제는 많은 메타버스 앱과 인프라의 발상지인 실리콘 밸리가 주로 백인 남성으로 이루어져 있다는 사실부터 시작되었을지도 모른다.

메타버스는 자본이 있는 사람들과 그렇지 않은 사람들에게 탈중앙화 금융에서 성공을 가속화하는 기회를 어떻게 똑같이 제공할 수 있을까? 가진 게 많다고 불이익을 받아서는 안 될 것이다. 특히 금융 시스템을 민주화하는 데 초점을 맞춰 설계된 탈중앙화 금융 기반 시스템에서는 더욱 그렇다. 그러나 부자라고 너무 많은 권력을 갖는 것도 옳지 않다. 이를 해결하는 방법 중 하나는 바로 길드다. 이러한 커뮤니티는 공동의 목표를 위해 회원들의 힘을 모은다. 본질적으로 길드는 일종의 재력가 모임이 되는 것이다. 그리고 길드 내에서 투표 시스템을 통해 모두가 발언권을 얻는다. 자원이 있는 사람들이 유료로 다른 사용자를 접근 가능하게 해주는 임대 프로그램도 등장하고 있다. 이는 경쟁의 장을 평준화하는 방법이며 앞으로 더 많은 방법이 나올 것이다. 이렇게 사람들이 스

4장 메타버스 소비자를 만나다

스로 혁신을 도입할 수 있는 것, 탈중앙화 앱의 장점 중 하나다. 불평등의 또 다른 원인 중 하나로 교육 격차를 들 수 있다. 디지털 문맹은 메타버스에 접근할 수 없거나 메타버스에 위협당한다. 시스템 접근, 용어 숙지, 올바른 앱 찾기, 커뮤니티에 참여하기까지는 상당한 학습이 필요하다. 기업이 다른 사람들을 이끌어야 했던 웹 1.0이나 웹 2.0을 연상시킨다. 우리는 이것이 개인이나 기업이 운영하는 가상의 투어 가이드 서비스나 메타버스 내 로봇 지원 기능을 쉽게 도입할 수 있는 흥미로운 사업 기회라고 생각한다.

메타버스에서는 인종, 문화, 성향에서 평등할까? 문제가 있다고 말하기에는 이르지만, 지금이 메타버스에서 프로젝트를 시작하려는 개발자와 기업이 더 나은 메타버스를 만들 방법을 강구하기에는 가장 좋은 시기임에 틀림없다. 우리는 긍정적으로 만들어나갈 기회가 있다고 믿는다. 예를 들어, 디앱에서 윤리적이거나 이타적인 행동에 대한 보상으로 희귀한 유틸리티 토큰을 제공할 수 있다. 특정 행위를 금지하거나 페널티를 부과하여 나쁜 행동을 막을 수도 있겠지만 메타버스의 탈중앙화 비전에는 맞지 않는다.

자유로운 커뮤니티나 기울어진 알고리즘, 약자에 대한 공격을 비롯해 인터넷과 소셜 미디어를 괴롭히는 문제로부터 메타버스가 학습한다면 증오나 불평등, 약탈적 행동이 뿌리를 내리기 전에 제거해야 한다. 자유와 공정 사이 선을 긋는 것은 어렵고, 모든 사람이 만족할 만한 대답을 내놓는 것도 쉽지 않다. 그러나 안전과 평등은 모든 사람에게 중요한 가치며 그 결과는 모두에게 도움이 될 것이다. 메타버스가 공정할수록 더 많은 사람들이 로그인하여 참여하게 될 것이다. 이는 경제를 순환시키고 자산에 유동성을 가져올 것이다. 가능성은 전 세계의 크리에이터와 소비자가 메타버스에서 사용하고, 투자하고, 교류하는 고유한 콘텐츠를 추가할 수 있도록 새로운 문을 열어줄 것이다.

사용자 참여의 세 가지 특징

전통적인 구매자의 여정이 인지, 고려, 구매 및 유지하는 과정으로 이루어진 것처럼, 사용자 경험은 브랜드를 발견하고 투자하고, 그 너머에 이르는 메타버스 경제의 흐름을 정의한다. 6장에서 다룰 생태계는 여기서 특히 중요한 역할을 한다. 드래곤을 죽이거나 최신 유행하는 NFT 작품에 투자하거나, 디지털로 반려동물을 키우거나, 가상의 자산을 구매하는 등의 경험이 브랜드와 소비자가 함께 춤추게 만들기 때문이다. 여기에서는 사람들이 메타버스에서 상호 작용하는 방식과 목표를 이해하는 것이 중요하다. 널리 알려진 경험은 다음과 같다.

일반적인 사용자 : 이 사람들은 돈을 벌거나 재화를 얻는 게임을 하지만 목표를 가지고 하는 것은 아니다. 신선한 경험이나 사회 활동

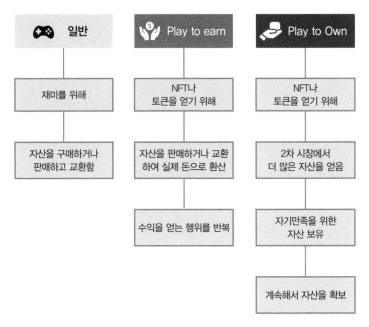

그림 4.1 사용자 참여 방식 '루프'

을 위해 참여하며 시간과 돈을 많이 투자하지는 않는다.

Play-to-earn 게임 : 실제 자산으로 바꿀 수 있는 토큰이나 NFT와 같은 게임 내 자산을 얻는 데 시간을 들이는 것을 목표로 한다. 비교적 단기적인 수익 창출 방법이다.

Play-to-own 게임 : 이 게임의 목표는 사용자가 시간이 흐르면서 가치가 높아질 것이라고 예상하는 NFT를 수집하기 위해 앱을 사용하고 투자하는 것이다. 이 사용자는 수익을 내거나 이익을 얻기 위해 자산을 빠르게 획득해야 하고, 메타버스 내부에서 실제 돈을 쓸 수 있다. 그저 수집만을 목표로 하는 사람도 물론 있다.

Play-to-Earn의 힘

바쁜 현대사회에서 그저 재미를 위해 게임을 하는 것은 대개 나쁜 행동으로 취급되었다. 게임이 없던 세상에서 자란 부모 세대가 특히 이러한 게임은 아무 의미가 없는 것처럼 여겼다.

2020년, 두 가지가 합쳐져 게임을 보는 방식이 바뀌었다. 첫째, 코로나19 팬데믹은 경제를 마비시켜 전 세계적으로 실직자들이 쏟아져 나왔다. 필리핀은 GDP가 9.6% 감소하여 역사상 가장 큰 하락을 기록했다. 강제 폐쇄와 검역으로 2,600만 필리핀 인구는 집에 머물러야 했다. 그 결과 사람들은 공과금을 지불하고 가족을 부양하기 위해 틀에서 벗어난 생각을 해야 했다. 둘째, 블록체인 게임이 모바일 게임 시장에 나타나기 시작했다. 엑시 인피니티는 암호화 게임이 급증하기 전인 2018년에 출시되었다. 봉쇄로 인해 필리핀 사람들이 일을 할 수 없었을 때 어떤 사람들은 엑시 인피니티에서 암호화폐를 얻을 수 있다는 사실을 알게 되었다. 전통적인 비디오 게임 경험이 있던 28세 아트 아트Art Art가 완벽한 예다. 아트는 엑시 인피니티에 대한 호기심으로 게임에서 몇 페소라도 벌어보자는 생각으로 뛰어들었다. 15일 동안 게임을 한 후 아트는 약 1,000페소, 미국 달러로 20달러 정도를 벌었다. 엑시 인피니티에서 플레이어는 엑시라는 가상의 생물을 사용하여 번식, 수집, 전투를 수행한다. 퀘스트를 완료하고 다른 엑시와 전투하면서 엑시를 번식시키는 데 사용되는 SLP를 얻을 수 있다. 더 나은 특성이나 능력을 가지거나 희귀한 엑시는 더욱 가치가 있었다. 이 새로운 엑시는 소유자가 판매하거나 게임에서 사용할 수 있다.

아트는 부자보다는, 최소한 현실에서 사용할 수 있는 무언가를 버는 것을 목표로 게임에 임했다. 아트는 게임을 더 잘하게 되었고 더 많은 수입이 생겼다. 그러나 모든 것은 흥미에서 비롯되었다. 돈을 버는 것이 고되지 않았고 그저 게임의 일부였다. 소문이 퍼지자 곧 마을 사람들도 엑시 인피니티를 하며 돈을 벌기 시작했다. 저소득층뿐만 아니라 사업주도 뛰어들었다. 팬데믹 때문에 사업에 피해를 입은 사업자들은 수입을 보충하기 위해 엑시 인피니티로 눈을 돌렸다. 필리핀에서의 이러한 움직임으로 엑시 인피니티 사용자가 대거 유입되었다. 이후 이 책이 출간되는 시점에 엑시 인피니티의 AXS 토큰의 시가 총액은 47억 달러에 이른다. 게임 내에서 판매된 가장 비싼 엑시는 300 이더리움, 판매 당시 100만 달러 이상이었다.

이것은 암호화 게임과 메타버스가 단순히 시간을 때우거나 이기기 위한 것이 아니라 생계를 위해 일하고 식탁에 음식을 놓는 것이 어떤 의미인지, 그 의미를 완전히 바꿔놓을 수 있는 하나의 이야기다. 사람들이 즐거우면서도 잘살 수 있다면, 고된 육체노동을 동반하거나 오전 9시부터 오후 5시까지 좁은 사무실에서 의욕 없이 시들어가는 직업은 사라지게 될지도 모른다.

메타버스에 임하는 마음가짐

사용자가 참여하는 방식뿐 아니라 처음에 어떤 이유로 참여하는지 살펴보면 흥미롭다. 메타버스는 새롭지만 마케팅과 제품 개발에는 이전에 적용되던 원칙이 똑같이 적용된다. 사람들의 심리를 파악하면 브랜드와 제품을 소비자와 연결하는 데 도움이 된다. 몇 가지 일반적인 마음가짐을 살펴보자.

투자자 : 이 사용자는 이익이라는 안경을 통해 메타버스를 본다. 그들은 각 디앱의 잠재적 수익 가능성을 조사하고 마치 주식처럼 암호화폐를 매수한다. 커뮤니티에 참여하거나 게임을 할 수도 있지만 그 목적은 대개 재정적 이익이다. 게임을 하다가 얻는 재미는 그저 부수적인 것이다.

플랫폼 포식자 : 이들은 생태계의 리더가 되고픈 '열혈' 사용자다. 그들은 다른 사용자보다 더 높은 지위를 얻기 위해 많은 시간과 돈을 투자한다. 이를 통해 명성, 지위, 투표권, 디앱 개발자와의 유대 및 여러 특전을 얻는다. 블로그나 유튜브, 디스코드 같은 커뮤니티 채널에서 독창적인 콘텐츠를 만들어 지식을 공유하고 자신이 좋아하는 메타버스 생태계를 주제로 대화를 나누기도 한다.

매력 포인트 : 어떤 사람들은 물리적, 재정적 의도가 없다. NFT와 토큰 수집을 즐길 수도 있지만 필수는 아니다. 이 사용자는 유행을 파악하고 재미와 오락을 위해 메타버스 생태계를 기웃거린다. 그들은

💰 투자자	🏆 플랫폼 포식자
잘 아는 사용자	열정적인 사용자
NFT와 토큰을 수집	게임을 마스터하기 위한 시간 투자
시장 가치 관찰	커뮤니티를 선도
구매, 판매, 교환을 반복	게임이 성장하면서 명성을 얻음

👓 매력 포인트	✊ 반대 문화
호기심 많은 사용자	열정적이면서 문화를 따르는 사용자
경험을 중시	커뮤니티에 소속됨
가벼운 마음으로 토큰과 NFT 수집	커뮤니티를 유지하기 위한 플레이
메타버스에 전념하거나 전념하지 않을 수 있음	메타버스의 탈중앙화 비전 향상

그림 4.2 메타버스에 임하는 마음가짐의 예

VR 헤드셋을 착용하고 일주일 동안 지내면 어떤 느낌인지 궁금해서 해보는 사람들이다. 디앱에 참여할 수도, 참여하지 않을 수도 있지만 매력적인 경험이 있다고 하면 바로 뛰어든다.

반대 문화: 1990년대 시애틀의 그런지grunge 문화와 유사한 '메타버

사이트metaversites'의 문화가 성장하고 있다. 어떤 사람들은 가상 세계에서 자유를 찾고 싶어 하지만 중앙은행 시스템, 인종 차별, 사회 경제적 격차 등의 현상에 만족하지 않는다. 그들은 비즈니스 세계에서 길을 찾기 위해 고군분투하는 디지털 아티스트의 DeFi 및 NFT를 지원한다. 그들은 은행 시스템을 믿지 않기 때문에 암호화폐에 투자한다. 그들은 재미뿐만 아니라 그들과 같은 플레이어로 가득 차 있기 때문에 블록체인 게임을 하지만, 일부 과거 게임업체가 사용하던 소액 거래 및 기타 수익 창출이라는 악용 사례가 없다. 그들은 이상을 가슴에 품고 트위터를 통해 대의를 지지하거나 도전하는 것을 두려워하지 않는다.

가상 엔터테인먼트가 메타버스의 몰입도와 문화를 변화시키는 방법

메타버스에는 NFT만 있는 것이 아니다. 블록체인 게임만 있는 것도 아니다. 메타버스는 현실 세계에서 인간이 하는 일보다 더 많은 일을 할 수 있는 플랫폼으로 보는 문화가 만들어지고 있다. 무모하다고 생각할지도 모르겠지만, 이미 일어나고 있는 일이다. 웹 3.0 시대의 몰입형 경험을 엿볼 수 있도록 웨이브Wave의 CEO인 아담 아리고Adam Arrigo를 모시고 가상 콘서트와 양방향 엔터테인먼트의 미래에 관한 이야기를 나누었다.

Q. 웨이브는 어떤 곳인가요?

A. 가상 엔터테인먼트 시장을 선도하는 회사입니다. 웨이브는 아티스트가 실시간 가상공간을 통해 팬과 연결될 수 있는 새로운 방식을 도입했습니다. 수년 동안 우리는 누구나 자신만의 가상 경험을 만들 수 있는 도구와 기술을 제공하는 플랫폼을 구축했습니다. 지금 우리는 음악에 집중하고 있고, 웨이브의 목표는 아티스트가 가상으로 콘서트 투어를 하고 메타버스에서 생계를 유지할 수 있도록 하는 것입니다. 하지만 실제 콘서트를 단순히 재현하려는 것은 아닙니다.

Q. 어떤 예가 있을까요?

A. 전자 음악을 하는 글리치몹Glitch Mob이라는 밴드와 공연을 한 적이 있습니다. 관객은 기본적으로 프랙탈로 구성된 공간 소용돌이 아래로 날아가고, 아바타는 서로 대화할 수 있는 공간으로 시각화되었습니다. 그 공연의 사진은 우리가 흔히 알고 있는 '콘서트'처럼 보이지 않을 것입니다. 왜냐하면 실제 콘서트에는 무대, 관객석 등 공간이 있고 모든 사람이 비슷한 크기이기 때문입니다. 꿈에서나 볼 것 같은 공간이라는 표현이 적당할 것 같습니다. 일렉트릭 데이지 카니발Electric Daisy Carnival과 같은 실제 콘서트에는 화려한 시각 효과를 사용하

기 위해 수백만 달러를 지출합니다. 예를 들어 레이저로 된 눈과 번쩍이는 조명이 달린 거대한 올빼미 모형 같은 것입니다. 이제 우리는 꿈같은 경험을 하려고 합니다. 완전히 다른 세상으로 데려다줄 수 있다는 것이 이 기술이 가진 가치라고 저는 생각합니다.

Q. 웨이브는 메타버스에서 어떤 가상 경험을 만드나요?

A. 우리는 수년 동안 여러 가지 진입점을 만들었습니다. 2D로 상호 작용하는 영상 콘텐츠는 진입 장벽이 비교적 낮았지만, VR에서도 공연이 열렸습니다. 관중은 서로 소통하고 각자 자신의 아바타를 꾸밀 수 있습니다. 공연에서 아이템을 착용하거나, 무대로 '선물'을 보내면 다른 사람들이 볼 수도 있어요. 그리고 아티스트가 관중에게 무언가 요청을 할 때도 있답니다. 예를 들면 관중 모두가 가상의 샴페인 병을 들고 동시에 병을 따는 식이지요. 그러면 별들이 날아가 커다란 3D 형상을 만들어요. 이러한 종류의 상호 작용은 현실에서는 불가능한 방식으로 사람들이 직접 공연에 참여할 수 있게 합니다.

Q. 행사를 준비할 때 아티스트와는 어떤 식으로 일하나요? 과정이 궁금합니다.

A. 아티스트는 항상 그들의 팬과 소통할 새로운 방법을 찾고, 각자 원하는 바나 관심 있는 부분이 다릅니다. 일례로 존 레전드John Legend와 작업했을 때는, 그 팀에서 저희에게 연락을

해서 새로운 앨범 'Bigger Love'를 홍보하고 싶다고 말했죠.
우리는 앨범의 분위기를 드러낼 수 있도록 마치 뮤직비디오
회사처럼 몇 가지 무대를 만들었습니다. 그리고 존 레전드는
앨범을 홍보하기 위해 팬들이 무료로 참여할 수 있는 라이브
공연을 열었습니다. 앨리슨 원더랜드Alison Wonderland와의 공
연도 기억납니다. 앨리슨의 팬들은 충성도가 높고 공연에 참
석하여 기쁨과 행복을 얻는 사람들이죠. 우리가 진행한 가상
공연은 커뮤니티가 이제 막 디스코드와 소셜 미디어에서 서
로 연결되기 시작했던 팬데믹에 이루어졌습니다. 우리는 이
한 시간짜리 공연에 관객들이 각자 웹캠을 사용해 홀로그램
으로 무대에 등장하여 앨리슨 원더랜드와 소통할 수 있도록
했습니다. 앨리슨에게 가상의 버섯을 보내고 공연을 어떻게
진행할지 투표할 수 있었죠. 그 공연은 앨리슨 원더랜드가 특
히 중요한 시기에 관객과 협업하여 '함께 만들어간다'는 느
낌을 주었습니다. 라이브 공연의 에너지를 성공적으로 선보
인 예라는 생각이 들었습니다.

Q. 아티스트에게 메타버스 사업의 가치는 무엇이라고 말할 수
있을까요?

A. 우리는 몇 가지 다른 모델을 살펴보고 있습니다. 존 레전드는
앨범 홍보에 관심이 있었습니다. 저스틴 비버Justin Bieber는 콘
서트를 홍보하고 싶어 했기 때문에 실제 콘서트 전 진행할 가

상 오프닝 공연 날짜를 잡았죠. 우리는 그 공연을 무료로 진행하고 기업에 스폰서를 받기로 했습니다. 앨리슨 원더랜드의 공연은 티켓이 필요했습니다. 딜런 프랜시스Dillon Francis는 가상의 물품을 판매하고 참여자들에게 소정의 팁이나 선물을 받아 수익을 창출했어요.

그러나 현재 우리에게 이러한 큰 행사의 목적은 가상의 엔터테인먼트 예술 형식을 널리 전파하고 가능한 많은 사람들이 경험하게 하는 것입니다. 저스틴 비버의 공연은 우리가 만드는 경험의 가치를 큰 규모로 보여줄 수 있는 가장 큰 기회였습니다.

Q. 이러한 종류의 경험이 이미 존재한다면, 앞으로는 어떤 경험이 채택될 수 있을까요?

A. 지금은 로블록스, 마인크래프트, 샌드박스, 디센트럴랜드, 포트나이트, 웨이브와 같은 플랫폼에서 사람들이 처음으로 메타버스를 접하고 있습니다. 그러나 조금 더 나이든 세대에게는 아직 자신의 아바타를 만들고 3D 공간으로 들어가 사람들을 만나고 함께 노는 것이 별로 가치 없게 느껴질 것입니다. 조금 시간이 걸릴지도 모르겠습니다. 하지만 사람들이 그 장벽을 넘게 만드는 것들이 분명 있다고 생각합니다. 하나는 이 사람들이 현실에서 가질 수 없는 경험을 하는 것입니다. 저스틴 비버 공연을 예로 들면, 실제 콘서트에서는 하지 못하

는 방식으로 아티스트와 상호 작용할 수 있습니다. 시각적으로는 여러 종류의 창의적인 표현이 일어날 수 있으며, 전 세계에서 온 사람들이 공연에 참여하기 때문에 물리적인 공연에서는 불가능했던 사람들 사이 소통도 가능해졌습니다.

메타버스를 이해하는 문화적 수용이라는 측면도 있습니다. 조금 더 나이든 세대에게는 3D 공간에서 아바타를 움직이는 것이 불편하고 이상하게 느껴질 수 있습니다. 하지만 로블록스에서 주로 시간을 보내는 Z세대나 어린이는 이미 로블록스 내 다양한 공간에서 친구를 사귑니다. 이러한 사회화 방식이나 오락을 소비하는 방식, 정체성을 표현하는 방식에 익숙합니다. 이미 당연한 일이 되었죠. 저는 메타버스 환경이 어떻게 발전할지 정확히 예측하지는 못합니다. 하지만 그 세대가 10년 내에 스스로 수입을 올리기 시작하면 디지털 자산에 돈을 쓰기 시작하고, 가상 환경 붐이 일어나기 시작할 때가 하나의 변곡점이 될 가능성이 높다고 확신합니다.

Q. 사람들이 현실에서 상호 작용을 하지 못할 수도 있다는 이유로 메타버스를 비판하는 사람들도 있습니다. 어떻게 생각하시나요?

A. 두 가지로 대답할 수 있겠네요. 일단, 그들이 염려하는 것도 일리가 있습니다. 사람들은 디지털 공간에서 모든 시간을 보내서는 안 됩니다. 밖으로 나가야죠. 비디오 게임 산업에서도

비슷한 대화가 수십 년 동안 진행되었습니다. 우리 삶에서 균형이란 매우 중요한 부분입니다. 지금도 휴대전화나 소셜 미디어에 너무 많은 시간을 할애하며 발생하는 심리적, 사회적 영향을 발견하고 있죠. 저도 메타버스가 부정적인 역할을 할지도 모르는 일종의 디스토피아적 미래를 향해 가고 있다는 점을 개인적으로 우려하고 있습니다. 하지만 이제 더 이상 스마트폰 없이는 인간으로서 존재하기 어렵다는 점을 생각하면 우리가 할 수 있는 일은 많지 않다고 생각합니다. 웹 3.0과 메타버스의 미래에서도 마찬가지입니다.

우리는 애플과 같은 대기업이 언젠가 가상현실과 증강현실을 매끄럽게 넘나드는 제품을 시장에 출시할 것이라는 사실을 압니다. 그리고 이 기술은 어느 한 장소에서 이루어지는 고립된 경험은 아닐 것입니다. 스마트폰처럼 어디를 가든지 가지고 다니며 의존하게 되겠지요. 실제 콘서트에서 가상의 친구를 초대할 수도 있을 것입니다. 증강현실과 NFT를 통해 가상 패션을 장착하면, 거리를 걸을 때 사람들이 당신이 입고 있는 옷을 보게 될 것입니다. 디지털 레이어가 한 겹 더해진 현실에서 쇼핑을 할 것입니다. 이것은 스마트폰처럼 우리가 피해갈 수 없는 미래입니다. 그렇기 때문에 이 기술을 어떻게 건강하게 개발하고 사용할 것인지 고민하는 것이 중요합니다. 개발자들은 균형 있는 제품을 어떻게 만들어야 할까요?

큰 힘에는 그만큼 큰 책임이 따릅니다.

Q. 향후 몇 년 동안 메타버스 엔터테인먼트는 어디로 나아가게
될까요?

A. 사람들이 메타버스가 앞으로 어떤 모습이 될지 상상할 때, 스
큐어모픽적으로 생각하는 경향이 있습니다. 즉, 현실의 모든
인식이 디지털 3D 공간으로 옮겨진다고 상상하는 것이지요.
예를 들어, 인간도 일종의 의인화된 어떤 개체가 아닐까 생각
하기도 합니다. 물론 그렇지 않죠. VR챗 VRChat과 같은 플랫
폼에서 아바타로 피아노와 함께 있는 사람을 봤어요. 이 사람
은 다른 사람들을 위해 피아노를 치며 날아다니고 있었습니
다. 미래는 우리가 지금 상상하는 것보다 더욱 이상하게 보일
것입니다. 그래서 메타버스에서의 음악 공연은 이 매체가 모
든 종류의 새로운 표현 방식을 가능하게 한다는 점에서 우리
회사를 흥분시킵니다. 아티스트는 메타버스 밖에서는 불가
능한 방식으로 팬과 소통할 수 있습니다.

아담 아리고

아담은 가상 엔터테인먼트 경험 시장을 선도하는 기업 웨이브의 CEO이자 공
동 창립자다. 웨이브는 최고의 라이브 음악, 게임, 방송 기술을 융합하여 라이
브 음악 경험을 변화시킨다. 웨이브는 전 세계로 생중계된다. 유튜브, 트위터,
트위치 Twitch, 틱톡, 페이스북, 로블록스를 비롯한 유명 소셜 플랫폼이나 게임

플랫폼에서 시청할 수 있다. 아담은 게임 디자이너, 사운드 디자이너, 기획자 그리고 가장 중요한 음악가로서의 자신의 기술을 통합하여 웨이브가 차세대 콘서트 관객을 위한 가상 경험을 통해 전통적인 라이브 공연을 뛰어넘을 수 있도록 했다. 웨이브를 설립하기 전 아담은 게임 개발사 하모닉스Harmonix에서 수년간 일하며 락밴드Rock Band, 락밴드 2, 락밴드 3, 락밴드: 비틀즈Rock Band: The Beatles, 댄스 센트럴Dance Central, 댄스 센트럴 2, 판타지아: 뮤직 이볼브드Fantasia: Music Evolved, 하모닉스 뮤직 VR 등 게임 개발에 참여했다.

메타버스와 디지털 정체성에서 아바타의 중요성

웹 2.0 시대에 우리는 소셜 미디어에서 사교 활동을 하고 소셜 미디어용 콘텐츠가 생산되며 여러 세대가 성장하는 것을 보았다. 온라인 정체성은 출신 지역만큼이나 자기 정체성에 큰 가치를 부여한다. 이러한 현상은 메타버스에서 완전히 새로운 수준에 도달할 것이다.

기본부터 시작해보자. 아바타란 무엇인가? 오늘날, 아바타는 온라인에서 사람 자체를 나타낸다. 메타버스의 맥락에서 이는 일반적으로 인간이 몰입 환경을 통해 조종하는 3차원 아바타를 의미한다. 어떤 사람들은 트위터의 프로필 사진을 아바타라고 생각하며, 특히 계정 소유자와 물리적으로 닮지 않은 경우 더욱 그렇다. 하지만 여기에서는 이와 같은 것을 아바타에 포함시키지 않겠다.

메타버스의 이 시점에서 아바타가 곧 온라인 자아라고는 할 수 없지만, 그 차이는 점점 줄고 있다. VR챗으로 예를 들어보자. 이 가상 세계 플랫폼에서 맞춤형 아바타를 만드는 것은 어렵다. 결과적으로 신규 사용자는 정장을 입어야 하는 레스토랑에서 넥타이를 빌리는 것처럼 다른 사람들이 만든 아바타를 '착용'하게 된다. 일부 비슷하게 보일지는 몰라도 그 아바타가 실제로 당신이 누구인지 나타내지는 못한다. 누군가 아바타를 맞춤형으로 만드는 데 시간을 할애하면 그 개인은 훨씬 더 개인화되며 상호 운용성을 통해 아바타를 다른 메타버스 환경으로 옮겨놓을 수도 있다.

아바타는 외모 정보를 커뮤니티에 전달하는 역할을 한다. 예를 들어, 근로자는 동료에게 전문적인 모습을 보여주기 위해 단추 달린 옷을 입은 단정한 아바타를 선택할 수 있다. 아바타는 사람들이 원하는 것은 무엇이든 할 수 있는 자유를 준다. 꼭 당신을 닮지 않아도 된다. 램프나 책, 레고도 아바타라고 하면 아바타가 된다. 대부분의 사람들은 상식적인 범위 내에서 아바타를 만들겠지만, 어쨌든 아바타의 모양과 느낌에 정해진 규칙이나 한계는 없다. 많은 사람들은 메타버스를 이상하고 이질적인 세계로 생각한다. 일부는 사실일지 몰라도, 이미 온라인에서 하고 있던 일을 다른 플랫폼에서 하는 것일 뿐이다. 마찬가지로 우리는 메타버스가 오늘날 존재하는 디지털 환경과 근본적으로 다르다고 생각하지 않는다.

아바타를 한 번이라도 사용할 사람은 디지털 정체성에 신경을 써야 한다. 사람들이 이렇게 가상 세계에 더 많이 연결되고 더 많은 시간을 보낼수록 정체성의 중요성은 커진다. 예를 들어, 게이머는 디지털 정체성에 모든 가치를 두는 사람들이다. 그저 첫인상의 문제가 아니라, 표현의 방식이기도 하다. 예를 들어 사람들이 게임 캐릭터, 아바타 또는 사용자 프로필 카드를 직접 만들 수 있도록 사용자 정의를 제공하는 게임이 많이 있다. 이는 명예의 배지가 되어 커뮤니티에 플레이어의 명성, 기술 및 성격을 알려준다.

자신의 정체성을 표현하는 데 아바타의 중요성은 기업에게는 기회가 된다. 어떤 사람은 나이키보다 리복Reebok을, 스피드 스틱Speed Stick보다 올드 스파이스Old Spice를 선호하는 것처럼 우리는 메타버스 세계와 시장에서도 사람들이 획득한 자산을 가지고 외모를 각자 취향에 맞게 꾸미는 것을 보게 될 것이다. 그리고 사람들이 자신의 아바타를 다른 디앱으로 가져가거나 실제 세계에서 아바타를 사용할 수 있게 되면 아바타는 자기표현의 중요한 요소가 될 뿐 아니라 메타버스 경제에서도 중요한 역할을 하는 것을 보게 될 것이다.

아바타가 메타버스 경제에 기여하는 두 가지 주요 방법은 아바타를 생성하고 사용자를 지정하는 것이다. 어떤 플랫폼에서는 좋은 아바타를 만들기가 매우 어렵다. 만족스러운 아바타를 만드는 기술이나 도구가 부족한 사람들을 위해 아바타를 만드는 디자이너, 일종의 디지털 재단사가 등장한다. 사용자 맞춤의 경우 아바타 아이템은 게임화로 구축되어 의상을 획득한다. 이것은 아이템에 더 깊은 애착을 형성한다. 그 외에도 게임 내에서 보상을 얻을 시간이 충분하지 않은 사람들을 위해 마켓플레이스에서 아바타의 사용자 맞춤 아이템을 판매할 수 있는 기회도 제공한다. 로블록스는 브랜드와 플레이어가 모두 게임 내에서 판매되는 아이템을 생산할 수 있는 메타버스의 좋은 예다. 이를 통해 기존 의류 및 패션 브랜드가 제품에 새로운 생명을 불어넣으면서 새로운 크리에이터와 새로운 아이디어를 받아들이는 크리에이터 경제가 구축된다.

보다시피 사람들은 여러 가지 서로 다른 이유로 메타버스에 들어온다. 메타버스를 받아들이는 방식에 옳고 그름은 없다. 하지만 드래곤을 죽이거나, 주먹을 날리거나, 다음 모험으로 계속해서 나아가는 전통적인 비디오 게임과는 다르다. 정해진 방식은 없지만 각자의 동기는 무수히 많다. 어떤 사람은 경험을 위해서, 다른 사람은 수익을 얻기 위해서 암호화 게임이 필요하며, 투자자들은 더 많은 사람들이 메타버스를 사용함으로써 현금을 확보하려 한다. 이 투자자들은 자산 평가 및 그들이 '예상하는' 디앱 성장을 기반으로 NFT에 수백 수천 달러를 지출한다. 그리고 문화나 커뮤니티를 위해서 메타버스에 참여하는 사람들도 있다. 펑크록 밴드나 RPG 게임을 하는 사람들처럼 메타버스 시민들은 공동의 가치와 열정이라는 이름 아래 모인다. 소셜 미디어 피드를 스크롤하는 대신 휴대전화를 두드리며 시간을 보내고 싶어 할 수도 있다.

저자의 인사이트

캐시 해클

오늘의 고객이 내일의 고객이라는 법은 없다. 페이스북이나 트위터가 출시되고 우리 행동이 얼마나 바뀌었는지 생각해보자. 인스타그램, 틱톡, 스냅챗이 등장했을 때는 또 어땠나? 당신이 지금 가지고 있는 타깃 청중과 페르소나는 메타버스에서 시작하기에 괜찮을지 모르지만, 당신을 잘못된 길로 이끌 수도 있다. 적극적인 관심을 유지하고 소비자를 지속적으로 참여시켜 내일의 메타버스에서 어떤 사람이 되기를 원하는지 확인하자. 커뮤니티와 진정성은 메타버스와 그 안의 사용자가 발전하면서 관련성을 보장하는 가장 좋은 방법이다.

더크 루스

기업은 '커뮤니티 우선' 사고가 필요하다. 모든 블록체인 게임과 메타버스 프로젝트에는 고유한 문화가 있으며, 이는 일반적으로 초기에 가장 먼저 참여한 사람들에 의해 형성된다. 레딧, 디스코드 및 소셜 미디어에서 무슨 일이 일어나고 있는지 살펴보자. 사용자가 혁신으로 안내할 것이다.

토마소 디 바르톨로

오늘날 메타버스에서 일어나는 많은 상호 작용은 놀이 기반이라고 말한다. 사실이지만, '놀이'는 게임을 뜻하는 것처럼 들리기도 한다. 메타버스는 게임이 아니라 우리 삶의 연장선이다. 커뮤니티, 경제, 경험 및 게임 내에서도 마찬가지다. 용어가 발전하면서 우리 모두는 어떤 활동이 일어나는 맥락을 생각해볼 필요가 있다. 그리고 그 활동의 중심에서 기업과 사람 모두는 물리적 존재의 한계를 넘어 살게 될 증강된 형태의 정체성을 가지게 될 것이다. 메타버스 경험을 놀이로 하고 있는가? 아니면 삶의 연장선으로 살아가고 있는가?

5장

메타버스의
새로운 사업 기회

NEW BUSINESS
OPPORTUNITIES IN
THE METAVERSE

메타버스 경제가 흥미로운 비즈니스 기회와 일반적인 소비자 프로필을 제공하는 주요 이유를 살펴보았으므로 이제 기업이 메타버스에 참여할 수 있는 방법을 살펴보자. 이를 통해 비즈니스 모델을 알아볼 것이다. 물론 지금은 메타버스의 비즈니스 모델 전부를 알지는 못한다. 메타버스 전문가라고 이 모든 것을 안다고 하기에는 아직 너무 이르다. 그래도 브레인스토밍을 통해 몇 가지 아이디어는 살펴볼 수 있다.

브레인스토밍에 맥락과 근거를 제공하려면 과거를 참고해 미래를 그려보는 것이 좋다. 검색 엔진, 웹사이트 및 소셜 미디어와 같이 오늘날 웹에서 일반적으로 사용되는 비즈니스 모델을 살펴보자. 결국 메타버스가 웹 1.0과 웹 2.0의 진화라면, 메타버스 비즈니스 모델을 개발할 때 기존의 모범 사례를 참고하면 되지 않을까?

이번 장은 '올바른' '최고의' 모델로 가는 지름길이 아니다. 아직은 메타버스를 개척하는 단계이기 때문에 여러 사람이 더 신중하게 살펴보아야 한다. 메타버스에서 이제 시작하려는 모든 사업은 앞으로 여정에 온갖 우여곡절을 겪어내야 할 것이다.

마이클 라파Michael Rappa의 웹 비즈니스 모델은 여러 유형의 비즈니스를 분류하는 오래된 자료다. 라파 모델을 적용 가능한 부분을 가져와서 이를 기반으로 새로운 메타버스 기회를 다루기 위한 기초를 다져보자.

메타버스 사업의 콘셉트

| 제품 디지털화

개요:

실생활에서와 마찬가지로 사람들은 가질 것, 할 것 그리고 할 것을 위해 가질 것을 찾고 있다. 이것이 메타버스 경제에서 소비자 수요의 핵심이다.

메타버스에서는:

- 가상 상품 : 여기에는 모든 종류의 디지털화된 제품이 포함된다. 자동차, 사탕 등과 같이 기존의 지식재산권을 복제한 제품일 수도 있다. 또한 메타버스로 인해 등장하는 새로운 제품도 포함된다.
- 가상 경험 : 메타버스가 그저 아마존의 3D 버전이 된다면, 무언가 잘못된 것이다. 메타버스의 중요한 역할 중 하나는 할 일을 제공하는 것이다. 살아갈 판타지, 길들일 용, 날아다닐 하늘이 필요하다. 가상 콘서트나 롤플레잉 어드벤처와 같은 일은 전 세계 친구들과 함께 가상의 영화를 감상할 수 있는 가상의 공간만큼이나 만만하다.

| 대여 방식

개요:

주문형 모델에서 소비자는 사용량이나 소비량에 따라 비용을 지불한다. NFT 소유권에 대신 수치로 표현하는 것이다. 여기서 유틸리티는 자산을 영원히 소유하는 것이 아니라 자산을 가지고 있는 동안 자산으로 무엇을 하는지에 관한 문제다.

메타버스에서는:

- 임대 : 어떤 디앱을 시작할 때 너무 많은 비용이 필요할 때가 있다. 따라서 좋은 경험을 하기 위해 게임을 구매하는 대신 자원을 임대해서 사용할 수 있다. 예를 들어 디센트럴랜드는 사용자가 토지를 임대할 수 있도록 하며 이 모델도 하나의 아이템으로 확장될 것이라 예상한다.

- 유틸리티 기반 소모품 : 영원한 NFT를 제공하는 대신 일회용 NFT에 대한 프로그램이 있을 수 있다. 이를 통해 게임의 성능을 높이고 독점 콘텐츠에 접근 권한을 얻는 등의 작업을 수행할 수 있다. 예를 들어 BYOPills는 여러 가지 블록체인 게임에서 시각효과나 능력치를 제공하는 NFT다.

- 구독 : 두터운 제품 포트폴리오를 가진 브랜드는 메타버스에서 넷플릭스의 스트리밍 서비스를 빌릴 수 있다. 월간 요금제로 사용자가 자원에 접근하도록 허용하지 않는 이유는 무엇일까? 운동화 제조업체는 사용자가 자신의 아바타에 신발을 무제한으로 바꿔 신길 수 있다. 자동차 제조업체라면 매일 다른 차를 타게 할 수 있을 것이다.

▎ 사업 장소로서 메타버스

개요:

웹사이트나 인스타그램 페이지, 혹은 사무실처럼 메타버스는 소비자와 기업이 만나고 판매하는 장소가 될 것이다.

메타버스에서는:

- 가상 매장 : 가상 사업장을 소유하여 독특한 쇼핑 경험을 만들 수 있다. 여기서 소비자는 NFT와 같은 디지털 제품을 구매하기 전에 보거나 테스트할 수 있다. 메타버스 매장은 전자상거래의 연장선 개념으로 물리적 제품을 판매할 수도 있다. 메타버스에서 판매할 날이 코앞에 다가왔다.

- 화이트 라벨 마켓 : 다양한 디앱을 통해 오픈시 화이트 라벨 또는 스토어프론트와 같은 기존 마켓플레이스 내에서 화이트 라벨 쇼핑 경험을 구축할 수 있다. 여기서 기능은 디앱의 기능으로 제한될 수 있지만 가상 풋 트래픽에 대한 노출은 얻을 수 있다.

- 메타버스 벼룩시장 : 같은 생각을 가진 사람들이 모인 커뮤니티 내에 존재하는 가상의 부동산은 벼룩시장과 같은 원리가 적용된다. 여기에서 부동산 소유자는 판매자가 NFT를 판매할 공간을 '임대'할 수 있다.

- 가상 사무실 : 우리는 기업들이 메타버스에서 가상의 사무실을 만드는 비전을 공유하는 것을 보았다. 여기에 회의, 협업, 팀 구성 등을 위한 새로운 환경이 있다. 이는 수익 모델이라기보다 사업

인프라나 문화에 가깝긴 하지만, 팀 생산성을 향상시키거나 대도시에서 비싼 사무실을 임대하지 않아도 된다는 장점이 있다.

| 메타버스 조력자

개요:

조력자, 또는 중개인은 이익을 얻고자 하는 두 당사자를 불러낸다. 주로 구매자와 판매자의 형태일 것이다. 이러한 중개는 더 많은 사람과 기억, 디앱이 메타버스에 정착하면서 더욱 유용해질 것이다. 우리는 중개인이 B2B, B2C뿐 아니라 고객 대 고객, 즉 C2C 거래에서도 기꺼이 중개를 해줄 것이라고 기대하고 있다.

메타버스에서는:

- 교환 : 중개인은 희귀한 디지털 제품을 위주로 교환을 주선한다. 이것은 디앱 시장이나 게임 내 사업을 지원하는 블록체인 게임, 혹은 독립적으로 실행되는 디앱에도 존재한다.
- 컨시어지 : 메타버스가 커질수록 길을 찾기는 어려워진다. 컨시어지는 사람이나 회사가 원하는 것을 찾도록 돕는다. 경험이나 NFT 사이 선을 이어주는 역할을 한다.

| 메타버스 광고

개요:

누구나 광고 없는 메타버스를 원할 것이다. 하지만 화려한 광고, 후원 NFT, 디지털 광고판을 밝히는 온갖 종류의 영업 활동을 마주할 수밖에 없다. 웹에도 디지털 광고가 어디에나 있듯이 메타버스도 광고 포화상태가 되는 것은 시간문제다. 브랜드와 경험이 메타버스에 가득 차게 되면 그만큼 사용자에게 노출되기도 어려워질 것이다. 이것이 광고의 문을 열게 된다.

메타버스에서는:

- 광고 배치 : 전통적인 방식의 광고는 메타버스에서는 통하지 않을 것이다. 광고와 제품의 배치 방식도 진화해야 한다. 우리는 메타버스에서 커뮤니티를 만드는 것이 광고보다 낫다고 생각하지만, 가상 건물의 안과 밖에 광고를 게시하는 것도 선택지가 될 것이다.

- 후원 : 우리는 이미 후원 기사나 PPL에 익숙하다. 메타버스에도 별도의 비용을 지불하여 자신의 콘텐츠나 NFT를 맨 위로 올릴 수 있는 비슷한 기능이 있다. 예를 들어 유명인이 아바타에 제품을 착용하는 식이다.

- 추천 상품 : 메타버스에서는 사용자 정보를 추적하여 마치 아마존에서 결제 직전에 장바구니에 추가할 상품을 제안하는 것처럼 플랫폼이 제품을 추천해 주기도 한다.

- 무료 상품 : '에어드롭'이라고도 하는 무료 NFT가 증가하는 추세다. 이러한 무료 NFT를 일종의 호객용으로 사용할 수 있다. B2B 회사에는 보고서나 기타 가치 있는 자료로 연결시키도록 사용할

수도 있다. 여기에서 판매로의 전환은 뒤따르는 마케팅 전략에 의해 달라질 것이다.

| 제휴

개요:

오늘날 많은 웹사이트는 제휴 링크를 통해 고객을 끌어들인다. 이 링크를 통해 판매가 이루어지면 수수료를 받는다. 메타버스에는 저명한 사람들이 커뮤니티 내 자신의 지위를 이용해 수익을 만들 수 있는 공간이 있다.

메타버스에서는:

- 커뮤니티 챔피언 : 게임을 마스터했거나 커뮤니티에서 많은 팔로워를 거느린 사람은 팬이 구매를 할 때 링크나 코드를 사용하도록 요청하여 그에 따라 쌓이는 평판을 활용할 수 있다. 이 커뮤니티 챔피언이 독특하고 독점적인 콘텐츠에 접근 권한이 있을지 누가 알겠는가?

- 메타버스 여행 가이드 : 사람들은 메타버스에서 독특한 경험을 하고 싶어 한다. 여행 가이드는 컨시어지처럼 사람들이 시간을 최대한 활용할 수 있도록 최고의 경험을 선별하거나 제작한다. 여기서 컨시어지와 다른 점은 큐레이션 서비스에 제휴사 링크를 추가하는 것이다. 이렇게 발생하는 제휴 수수료는 오늘날 제휴 마케팅 전략과 동일하게 고객이 원하는 자원을 찾도록 도우면서

수익 기회를 만들기도 한다.

▎ 커뮤니티 기반 기회

개요:

커뮤니티 사업 모델은 사용자 분포를 바탕으로 한다. 우리는 유튜브 콘텐츠 제작자나 트위치 스트리머가 시청자들에게 패트리온Patreon이나 기부 기능을 통해 금액을 지불하라고 장려하는 경우를 많이 본다. 커뮤니티를 동원하는 또 다른 방법은 보조 제품을 판매하거나 후원 광고 콘텐츠에 참여하는 것이다.

메타버스에서는:

- 인플루언서 : 메타버스에서도 바이럴 콘텐츠를 만들거나 디앱의 생태계를 잘 이해하고 있어 유명해지는 사용자가 생길 것이다. 최근 소셜 미디어를 통해 수십억을 벌어들이기도 한다는 콘텐츠 크리에이터나 인플루언서를 생각해보자. 이러한 사람이나 기업은 다른 사람의 제품을 홍보하거나 자신의 제품을 판매하는 데도 강력한 힘을 갖게 된다.
- 아티스트 : 아티스트도 제품을 만드는 사람이 될 수 있지만 디지털 아티스트는 메타버스 커뮤니티를 활성화하고 수많은 기회로 이어지는 브랜드를 구축할 수 있는 힘이 있다. 그들은 커뮤니티에서 비즈니스 파트너십을 구축하기도 하고, NFT를 판매하기도 한다.

- 네트워크 및 폐쇄된 클럽 : 커뮤니티는 메타버스 앱의 핵심이며, 폐쇄적인 VIP 그룹을 원하는 사람들도 많이 있다. 우리는 이미 지루한 원숭이 요트 클럽에서 이와 같은 현상을 보고 있다. 메타버스에서의 연결은 새로운 비즈니스로의 연결로 이어진다.

- 커뮤니티 후원 : 팔로워가 모일 수 있는 플랫폼을 만드는 브랜드가 많이 있다. 이러한 팔로워들은 팁을 공유하거나 제품을 판매하기도 하지만, 브랜드의 디지털 장소에서는 브랜드나 제품 홍보 역할을 맡을 기회가 있다는 점이 핵심이다.

| 메타 교육

개요:

온라인 학습은 이미 대중화되었다. 사람들은 인터넷이 생기기 전에는 불가능했던 방식으로 교육을 접한다. 메타버스에서는 이러한 연결이 새로운 차원으로 넘어가며, 학생들이 더 다양한 콘텐츠와 교육 프로그램을 접할 수 있게 되었다.

메타버스에서는:

- 메타버스 대학 : 코세라Coursera나 마스터클래스Masterclass 등 수많은 가상 대학 프로그램과 플랫폼이 교육 전달 방식을 변화시키고 있다. 화면을 통한 학습에는 한계가 있지만 메타버스의 3D 및 VR 기능은 가상 학습의 세계를 열어준다. 좋은 예가 바로 캐시가 학장으로, 토마소가 교수로 있는 리얼엠 아카데미Republic Realm

Academy다. 이 학교는 솜니움 스페이스Somnium Space 내 가상 캠퍼스를 사용한다.

- 인포테인먼트 : 공부를 즐겁게 하고 싶지 않은 사람이 어디 있겠는가? 세서미 스트리트Sesame Street와 같은 기업도 고객이 콘텐츠에 접근하도록 하기 위해 유튜브에 의존한다. 메타버스는 재미있게 상호 작용할 수 있는 학습 프로그램을 발전시키기 위한 새로운 매체다.

- 포럼 : 레딧Reddit 및 깃허브Github와 같은 커뮤니티 플랫폼은 사람들이 아이디어를 공유하고 기술을 연마하고 비슷한 목표를 가진 사람들을 한데 모으도록 하는 온라인 경험의 핵심 역할을 했다. 메타버스는 이러한 포럼 또한 진화시킬 것이며 아바타와 더 많은 상호 작용을 하게 될 것이다.

데이터 회사

개요:

메타버스에는 물음표가 많이 있다. 데이터 수집은 이러한 미지의 디지털 땅에 정착하는 데 핵심 요소가 될 것이다. 데이터 회사는 경험을 큐레이팅하는 것이 아니라 메타버스에서 수집된 데이터를 구체적으로 다루기 때문에 여행 가이드나 인플루언서와는 다르다. 빅데이터 기업이 대기업으로 성장하는 것을 보았듯이 메타버스에서 데이터를 수집하는 기업은 컨설턴트, 리서치 회사, 서비스 기반 비즈니스로서 우위를 점할 것이다.

메타버스에서는:

- 사용자 조사 : 소비자 습관, 사용자 통계, NFT 및 암호화폐 지출, 기타 추세에 대한 데이터는 시장을 이해하는 데 매우 유용하다.

- 메타버스 전략 컨설팅 : 이미 이와 같은 내용을 다루는 리서치 회사가 있다. 누가 메타버스의 가트너Gartner나 포레스터Forrester가 될까?

- 선도 기업 : 허브스폿HubSpot이 온라인 콘텐츠 마케팅 시장을 주도하는 것처럼 전문가가 기업과 소비자를 위한 정보 플랫폼을 만들게 될 것이다. 필수 지식과 모범 사례를 구축한 브랜드는 이러한 접근 방식을 채택할 것이다. 이는 얼리 어답터의 장점을 보여주는 예다.

다시 말해, 이러한 예는 메타버스에서 가능한 사업을 상상해본 것이다. 본질적으로 온라인 세계와 연결되어 있는 소셜 미디어 인플루언서 및 SEO 에이전시처럼 메타버스에서는 우리가 예측할 수 없는 완전히 새로운 비즈니스 모델이 등장할 것이다. 열린 마음으로 사용자의 말을 경청하고 트렌드에 주목해야 한다. 꿈을 크게 갖고 당신과 당신이 소속된 팀이 완전히 새로운 것을 만들 수 있는 능력이 있는지 확인해보자. 결국 메타버스에는 처음 만들어지는 것들이 많을 것이다. 우리는 당신이 모래에 깃발을 꽂을 기회를 잡기를 바란다.

메타버스 측정

모든 경제의 기본은 기업이 스스로 평가하는 데 사용하는 측정 단위, 즉 UOMUnits of Measurement이다. 오늘날 이를 제대로 가르치는 학교나 사례는 없다. 그러나 우리는 디지털 광고를 비교하고, 이것이 메타버스에서 어떻게 보이는지 해석하는 것으로 시작할 수 있다. 우리는 온라인이나 소셜 광고를 통해 기업이 성장하던 것에 비해 웹 3.0과 메타버스는 새로운 차원의 측정 자료로 확장될 것이라 믿는다. 웹 2.0 및 1.0에서는 클릭당 지불 금액, 다운로드당 지불 금액 등에 대한 ROI를 측정했다. 알겠지만 광고는 플랫폼과 네트워크를 통해 배포되어 대상 고객에게 도달한다. 이러한 소비자는 원하는 콘텐츠를 보기 전에 표시되는 광고를 봐야 하기 때문에 갇혀버린 상태다. 그러나 메타버스에서는 추적 가능성이 뒷받침되고 블록체인에 내장된 소유권이라는 개념 덕분에 소비자에게 권력이 생긴다. 왜일까? 소비자가 토큰과 같은 보상의 대가로 블록체인에 일종의 합의를 하기 때문이다. 여기에서 중요한 것은 합의와 보상이다. 소비자 중심 접근 방식은 탈중앙화 플랫폼의 핵심적인 요소다.

아직 이러한 측정 기준을 가리키는 용어는 없지만 여기에서 한번 정의해보는 것도 좋겠다. 우리가 보기에 메타버스 영향Metaverse Impression, MI은 사용자 중심이며 커뮤니티에서 다음과 같은 것을 기반으로 한다.

- 관심 : 사람들이 그 정보나 콘텐츠를 보고 싶어 하는가? 그 내용
  은 적절한 시기에 적절한 장소에 올바르게 전달되었는가?
- 보상 : 사용자는 메타버스에서 광고 콘텐츠를 소비하거나 건너뛰
  도록 선택할 수 있을 뿐만 아니라 광고를 소비했을 때는 토큰이
  나 포인트 혹은 다른 보상을 받을 수 있다.

광고 및 마케팅 성공을 측정하기 위해서는 공동 가치 창출Joint Value
Creation, JVC 을 살펴볼 필요가 있다. ROAS와 같은 비동기 측정 항목을
보는 대신 JVC는 다음과 같은 것을 포함한다.

- 사업이 무엇을 제공하는지
- 최종 사용자와의 공동 작업
- 사업을 통해 달성한 것

클릭이나 다운로드 대신 JVC는 소비자와의 파트너십 및 상호 작
용을 통한 협업 등을 메타버스 측정 기준으로 만든다. 사용자의 상호
작용을 권장할수록 사용자의 참여율이 높아질 뿐만 아니라 또 다른
문이 열린다. 예를 들어, 해당 사용자가 당신의 제품 홍보대사가 되거
나 콘텐츠 제작자가 될 수도 있다.

이어서, 기업이 메타버스 유틸리티를 조사할 때 사용하는 세 가지
차원으로 마케팅 혹은 시장 출시 전략을 측정하는 것도 재미있다.

- 지리적 위치
- 맥락화
- 게임화

이 세 가지 각각에 대한 KPI를 살펴보자. 지리적 위치의 경우 기업이 제품이나 마케팅 요소를 사용자나 다른 관련 메타버스 요소와 관련하여 전략적으로 배치하는 것을 말한다. 이는 시장 잠재력과 집중해야 할 가상의 위치를 나타낸다.

여기에는 다양한 수준이 있다. 기업은 해당 위치에 얼마나 많은 사용자가 모였는지를 바탕으로 성공을 측정할 수 있다. 이는 이벤트나 주요 위치 등을 기반으로 한다. 여기서 주로 고려해야 할 사항은 사람들이 모이는 장소와 사람의 수다. 히트맵Heatmap이 좋은 예다. 전통적인 게임과 같이, 개발자는 플레이어가 게임 내에서 이동하는 위치를 파악하고 해당 데이터를 조합하여 어떤 위치에 사람들이 모이고, 어떤 위치에 사람이 없는지 알아낼 수 있다.

맥락화는 적절한 시기에 적절한 것을 제공하는 것을 말한다. 기본적으로 맥락이란 고려와 동일하다. 아마 블록체인 알고리즘은 기업이 사용자 행동을 더 깊게 연구하게 할 것이다. 그러나 맥락적 관련성을 측정하기 위해서는 사용자 감정도 살펴볼 필요가 있다. 이것은 '좋아요'나 '공유'와 같은 간단한 소셜 미디어 개념을 메타버스에 적용하거나 구매 행동을 분석하는 심층 AI 분석이 될 수 있다. 사람들이 소비하거나 구매하는 시기, 해당 위치에 있는 이유 그리고 무엇 때문에 재방문을 하는지 등이 중요한 고려 사항이 된다.

　게임화의 효과는 사람들이 참여하는 시간, 빈도, 체류 시간 등의 직접적인 상호 작용으로 측정할 수 있다. 여기서 주요 고려 사항은 사람들이 하는 일, 아이템과 상호 작용하는 방식, 다른 사람과 상호 작용하는 방식 그리고 무엇이 그들의 행동을 이끄는지 등이다.

초기의 학습

어떤 비즈니스 모델이든 초기에는 프로젝트 포지셔닝이 중요하다. 예를 들어, 우리는 NFT 시장에서 성공 사례를 많이 접했지만 그렇다고 모든 사람을 위한 레드 카펫이 깔려 있는 것은 아니다. 페이스북의 발표가 어떤 비판을 받았는지 생각해보자. 그것이 당신의 사업과는 아무 관련이 없을지도 모르지만, 이것은 대중으로부터 오는 일종의 두려움을 엿볼 수 있게 해준다.

페이스북의 사례만 있는 것이 아니다. 게임업계에서 우리는 유비소프트Ubisoft의 쿼츠Quartz NFT가 게임 미디어뿐 아니라 게이머로부터 반발을 얻는 것을 보았다. 여기에서 사람들은 NFT를 공개하는 메커니즘, 자산의 고유성, 약관의 세부 항목을 문제 삼았다. 이러한 협의는 거의 공개되지 않는다. 아마 전략이 완벽하지 않다 해도 이 분야를 처음 개척했다는 이유로 박수를 보낼지 모른다.

어렵다. 우리가 여기에서 배울 수 있는 것은 무엇일까?

- 메타버스와 NFT에 관해 고객과 이야기하자. 이미 NFT를 소유한 사람만 고객인 것은 아니다. 가장 부정적인 비평가, 가장 늦게 메타버스를 접하는 사람을 찾아보자. 그들은 공통분모는 없겠지만 사업 모델, 커뮤니케이션 전략, 제품 개발을 위한 기준을 제시해줄 수 있다. 메타버스에서 소비자가 브랜드의 일부가 되어주기를 원한다면 모든 거래를 일종의 작은 파트너십이라고 생각해야 한다.

- 커뮤니케이션에서 투명성과 교육의 중요성은 아무리 강조해도 지나치지 않다. 많은 사람들에게 메타버스는 안전한 곳을 벗어나는 엄청난 변화다. 누군가에게는 너무 긴 다리일 수도 있지만, 누군가에게는 문제의 강을 건너는 당신이라는 다리가 필요할 것이다. 기존 고객에게 계획을 알려주고 변화에 참여할 수 있도록 해야 한다.

- 나열된 작은 글씨들을 이해할 수 있는 간단한 정보로 바꾸자. 초등학생도 이해할 수 있을 만큼 명확하게 설명되어야 한다.

- 가짜 금괴를 찾아내자. 피싱 사기처럼 시스템을 악용하려는 사람들이 많다. 특히 커뮤니티에서 파트너가 되는 사람을 확인하고 커뮤니케이션 계획을 안전하게 구축하여 고객

이 당신의 시스템에 속지 않도록 해야 한다. 약점이 될 구멍
이 있는지 잘 살펴보자.

인터넷과 소셜 미디어가 사라지지는 않을 것이므로, 클릭당, 다운
로드당 비용을 지불하는 모델은 절대 죽지 않을 것이다. 그러나 10년
안에 웹 2.0 플랫폼에서 이러한 관련성은 메타버스 노출 또는 공동 가
치 창출과 같은 새로운 측정 기준으로 인해 주류에서 벗어날 수 있다.
왜일까? 식초보다는 꿀로 파리를 잡는 것이 훨씬 쉽기 때문이다. 우리
는 결제창이나 광고에다 콘텐츠를 연결하는 것보다 사용자 커뮤니티
와 협업하고 보상을 제공하는 것이 더 효과적이라고 생각한다. 여기
에는 마케팅이 포함된다. 메타버스에 돈 벌기 게임이 있다면 플레이
기반 마케팅 모델이나 감명을 주는 게임은 왜 없겠는가?

저자의 인사이트

캐시 해클

라이트Wright 형제가 등장하기 전에는 A에서 B로 이동하기 위해 로켓이 구동하는 금속 재질의 새에 몸을 묶고 싶다며 하늘을 쳐다보는 사람이 아무도 없었다. 지금도 말도 안 되는 소리처럼 들린다. 하지만 이제 비행기는 전기만큼 일반적이고 오히려 자동차보다 안전한다. 미친 소리 같았지만 완전히 이루어냈다. 그렇다면 메타버스에 대한 당신의 큰 비전은 무엇인가? 작은 비전이라도 좋다. 사실, 작게 시작해야 할 것이다. 이 기술은 당신의 아이디어를 실현할 준비가 되어 있으며 점점 더 저렴하고, 빠르고, 더 쉽게 사용 가능해지고 있다. 소비자들이 온다. 그 사람들을 끌어들이기 위해 당신의 큰 아이디어가 필요하다. 기회를 잡고 지금 구축을 시작하자. 메타버스에서 우리는 모두 조물주며 이제 실험할 시간이다.

더크 루스

메타버스는 현실이지만 아직 세계는 완전히 준비되지 않았다. 비전을 판매하려면 간단하면서도 관련성 높은 프레임워크가 필요하다. 사람들에게는 교육이 필요하다. 아이디어를 제공하는 맥락이 많을수록 그리고 아이디어를 구체화할수록 동의를 얻기는 더 쉬워진다. 기존 비즈니스 모델을 메타버스로 변환하는 것처럼 간단한 아이디어일 수도 있다. 하지만 반대로 어렵고 복잡할 수도 있다. 마음속에는 항상 가장 비판적인 사람 하나를 품고 있는 것이 좋다.

토마소 디 바르톨로

비즈니스 관점에서 나는 10년 후 소비자가 더 이상 제품이나 서비스에 비용을 지불하지 않는 세상을 상상한다. 실제 제품과 메타버스로의 확장된 가치 창출 사이, 핵심이 되는 하이브리드 제품이 있을지도 모른다. 즉, 기존 브랜드가 다음 세대의 시장 점유율을 확보하기 위한 경쟁에서 반드시 승리하지는 않을 것이다. 대신 공동 창조 능력이 크고 고객에게 잘 공감하며 공동 가치 창출 성향이 강한 기업이 유리할 것이다. 웹 1.0과 웹 2.0에서 배운 것을 JVC로 재편하고 최종 사용자 협업을 제품의 일부로 만드는 것이 궁극적인 접근 방식이다. 즉, 당신의 제품은 이 방정식의 일부일 수는 있어도 유일한 것은 아니다.

6장

NFT 상용화의
핵심 요소

KEY SEGMENTS OF NFT

COMMERCIALIZATION

우리는 메타버스가 브랜드와 소비자에게 흥미로운 장소가 되는 이유를 살펴보았다. 그리고 앞서 살펴본 비즈니스 모델 예제를 통해 메타버스의 상업적 잠재력을 엿볼 수 있었기를 바란다. 그리고 아직 살펴볼 내용이 많이 있다. 새로운 탈중앙화 앱은 하루가 다르게 등장하고 벤처 자본가들은 메타버스 프로젝트에 자금을 지원하기 위해 거액의 수표에 서명하고 있다. 에픽 게임즈, 메타, 아마존, 마이크로소프트, 애플 등 메타버스 계획을 개발하는 대규모 기술 회사들이 있다. 이러쿵저러쿵 말이 많으면 회사가 올바른 메타버스 채널과 파트너를 선택하기 더욱 어려워진다.

새로운 창고의 위치를 선택하거나 상점을 어느 도시에 열지 선택하는 것처럼 메타버스에서의 상점에도 전략적 결정이 매우 중요하다. 어떤 소비자를 끌어들일지 결정하고 제품 개발에 영향을 미치며 디앱 파트너의 조건을 정의하고 고유한 문화, 규칙, 목표 및 시장 잠재력을 가질 수 있는 생태계에 브랜드를 배치한다.

적절한 지침을 제공하기 위해 NFT 상용화에 집중해 보겠다. 이것은 엄청난 활동이 일어났던 영역이며, 기업이 어떤 일을 하고 있고 메타버스 경제에서 이 분야가 어떻게 작동하는지 살펴볼 필요가 있다. NFT는 오늘날 메타버스 경제에서 매우 중요한 상업적 권력을 가지고 있기 때문에 다양한 유형의 채널을 이해하는 것이 중요하다.

앞서 설명했듯이 NFT 상용화를 네 개 사분면으로 나눈 것을 [그림 6.1]에서 볼 수 있다. 각 사분면의 장단점에 대한 심층 분석은 NFT 프로젝트를 계획하는 사람들이 어디에서 무엇을 NFT로 할 것인지 결정하는 데 도움이 된다.

2021년 NFT 수요가 증가했을 때 토마소는 업계 관계자들과 수백 건의 대화에서 데이터 신호를 수집하기 시작했으며, 그곳에서 지침을 제공하는 프레임워크의 필요성을 발견했다. 그리고 NFT 상업화 사분면을 만들었다. 왼쪽에는 더 많은 판매 중심 채널이 있고, 오른쪽에는 인앱 게임화 메커니즘이 있다. 우리는 기업들이 NFT 상용화의 장기적, 단기적 영향을 고려하여 채널과 디앱 파트너의 가장 전략적인 조합을 찾을 것을 권장한다.

명확히 하자면, '옳거나' '틀린' 부분은 없고 사용 사례가 다를 뿐이며, 도달하려는 전략, 목표 및 잠재 고객에 따라 달라진다. 각 사분면을 자세히 살펴보면 더 큰 메타버스 경제에서 각자의 위치를 표시하는 데 도움이 된다. y축에는 '유지'라는 레이블이 지정되고, x축에는 '참여'라는 레이블이 지정된다. 이는 오른쪽 상단 사분면에 있는 디앱의 경험과 NFT가 유용할 수 있는 가능성으로 인해 유지 및 참여 가능성이 더 크다는 것을 의미한다. 반대로 왼쪽 아래 사분면에 있는 앱에는 더 많은 거래가 있다.

마켓플레이스

왼쪽 상단에는 제품 구매를 위해 설계된 오픈시와 같은 시장이 있다. 웹 3.0 시대에 이것은 주로 NFT 구매를 의미한다. 따라서 마켓플레이

유틸리티

마켓플레이스

메타버스 디앱

유지

판매

게임화

참여

팬 토큰

판타지, 수집물 게임

거래형

그림 6.1 NFT 상용화 사분면

스 사용자 경험은 아마존, 뉴에그Newegg, 또는 이베이eBay와 유사하게 판매에 최적화되었다. 사진 갤러리, 제품 설명, 블록체인 기록, 판매자 정보, 입찰 및 구매 도구에 대한 주요 내용이 여기에 포함된다. 일부 마켓플레이스에는 판매자가 어떤 경험에 자신의 라벨을 붙여 판매할 수 있지만, 다른 마켓플레이스는 이를 허용하지 않는다. 마켓플레이스 는 암호화폐 투자자, 블록체인 애호가, NFT에 관심 있는 일반 구매자를 끌어들인다. NFT 자산에는 매력이 있다. 사람들은 트렌드를 주시하고 스스로 트렌드를 설정하여 흥미롭고 가치 있는 NFT를 적절한 가격에 얻으려고 한다. 물론 투자 목적보다는 자기가 좋아하는 것을 사고 싶어 하는 사람들도 많다. 그리고 싸게 사고 비싸게 팔며 디지털 아트 갤러리를 구축하려는 사람들도 많다.

마켓플레이스는 블록체인 게임 및 기타 디앱에도 존재한다는 점도 주목할 가치가 있다.

사람들은 무엇을 하는가?

- NFT를 사고, 팔고, 교환함
- NFT 시장을 보고 투자 전략을 세움
- NFT를 취미로 모으거나 적절한 순간에 차익거래를 함

장점:

- 빠른 시장 출시 : NFT 제작자는 오늘날 자산에 대한 경험을 깊게 설계하지 않아도 된다. 이것은 자원 요구사항과 NFT 개발 시간을 줄여준다.
- 빠른 학습 : 빠른 실험을 통해 더 빠르게 반복하고 학습할 수 있다.
- 다양한 마켓플레이스 : 제작자에게 공급업체 계약, SLA, 공급업체 평판, 시장 범위 등을 기반으로 적합한 항목을 찾을 수 있게 해주는 시장이 다양하게 존재한다.
- 2차 시장 : 판매자와 소비자 간 NFT 1차 판매 이후, 2차 시장에서

의 재판매도 원래 제작자에게 수수료를 준다.

단점:

- 빠른 현금화 : 브랜드와 소비자 사이 거래 관계가 상당히 얕아 브랜드나 제품의 가치가 '떨어질' 수 있다.
- 낮은 참여도 : 소비자가 NFT로 할 수 있는 일이 많지 않으면 쉽게 잊힌다. 이는 브랜드가 원하는 일이 아니다. 기업은 NFT가 누군가의 암호화폐 지갑에서 구입하고, 저장되고, 분실되기를 원한다.
- 발견 가능성 : 시장 내에서 제작자, 기업의 위치는 검색 기능에 달려 있다. NFT가 얼마나 쉽게 발견되거나 묻힐 수 있는지 주의해야 한다.
- 가스 수수료 : 이더리움과 비트코인에는 '가스 수수료', 즉 거래 비용이 제법 발생한다.

| 마켓플레이스 우수 사례

마켓플레이스는 브랜드 경험을 환상적으로 구축할 수 있는 역동적인 환경이라고는 말할 수 없지만, 얻을 수 있는 것이 많다. 시장에서 창의적인 콘텐츠를 얻고자 하는 브랜드나 아티스트라면 더욱 주목해야 한다. 타코벨Taco Bell이 만든 NFT는 발매와 동시에 매진되었다. 이러한 NFT가 오늘날 어디에 있고 브랜드에 어떤 영향을 미치는지는 모르지만, 새롭게 출시한 NFT를 모두 판매한 것만으로도 성공이라고 여길 수 있을 것이다. 또한 NBA 톱샷TopShot 같이 선수의 하이라이트 영상이 판매용 NFT가 되는 멀티미디어 마켓플레이스도 있다. 아무 제약 없이 인터넷을 떠돌아다닐 뻔했던 지적재산권으로 수익을 창출할 수 있는 방법이다.

판매 우선 전략은 디지털 아티스트와 회사가 새로운 수익원을 찾는 좋은 방법이다. 새로운 기술과 채널을 탐색할 때는 항상 위험이 따른다. 비교적 적게 투자하고 완벽하지 않은 프로젝트라도 커다란 블록체인과 메타버스 경제에 뛰어들기 전 마켓플레이스라는 훌륭한 시험대에 올려볼 수 있다. 저렴한 비용으로 빠르게 실험해볼 수 있다는 장점이 있다. 그러나 마켓플레이스 활동에는 상한선이 있다. 최소한의 게임화로는 브랜드가 깊은 관계성을 만들 수 없다.

팬 토큰 제공

토큰 플랫폼은 열정적인 팬이 사랑하는 브랜드에 참여할 수 있는 새로운 방법을 제공한다. 토큰 기술 제공자와 파트너 관계를 맺을 때 회사는 사용자에게 비즈니스의 특정 측면에 대한 투표권과 같은 것을 허용한다. 사용자는 투표권을 얻는 토큰을 구매한다. 단일 토큰 플랫폼에는 투표 주제에 따라 서로 다른 중요도를 갖는 토큰을 제공한다. 소시오즈닷컴Socios.com을 예로 보자. 이 팬 토큰 기반 게임은 주로 유럽 축구 클럽에서 서비스하며, 좋아하는 스포츠 팀의 다양한 항목에 투표할 수 있게 한다. 팀 토큰의 가치는 팀의 실제 경기 역량에 따라 달라진다. 그러나 다른 암호 자산과 마찬가지로 그 가치는 비트코인의 시장 가치와 밀접하게 연관되어 있다. 일부 투표 결과는 실제 비즈니스 결정으로 이어지지만, 어떤 투표는 그저 회사에서 참고하는 설문조사에 불과하다.

이러한 토큰 게임에는 팬 경험의 NFT가 포함될 수도 있다. 소시오즈닷컴으로 돌아가 보면, NFT 모음은 일종의 로열티 프로그램으로 독점적인 콘텐츠에 접근하게 해줄 수도 있다. 일반적으로 플레이어는 토큰과 NFT를 구매하고 판매함으로써 영향력을 쌓는다. 특정 수준을 달성하면 고유한 콘텐츠, 이벤트 또는 충성도가 높은 브랜드에 직접 접근할 수 있다. 팬덤을 진지하게 생각하는 사람이라면 팬 토큰은 브랜드가 이러한 사람들과 더 강력한 관계를 구축할 수 있는 좋은 방법이다.

사람들은 무엇을 하는가?

- 기업과 더 직접적인 소통
- 토큰과 NFT 획득
- 독점 콘텐츠 접근 권한 획득
- 기업의 결정에 영향을 주는 투표

장점:

- 새로운 제안 : 팬 토큰은 팬들이 기업과 소통하는 새롭고 혁신적인 방법을 제공한다.

- 단순함 : 암호학이나 블록체인의 기술적인 내용보다 토큰 개념은 이해하기 쉽다.
- 토큰 그 이상 : 우수 사용자에게 독점 콘텐츠나 '백스테이지' 접근 권한을 주면 팬 토큰에 특별한 가치를 부여한다.
- 현실 세계 영향력 : 현실 세계에 변화를 주는 것에 대한 투표는 힘을 실어준다.

단점:

- 대중적 매력 감소 : 팬 토큰은 열성 팬을 끌어들이지만 대중적 관심을 놓칠 수 있다. 이러한 게임 중 하나를 통해 시장 도달 범위를 넓히는 것은 어려울지도 모른다.
- 한정된 유틸리티 : 팬 토큰 게임을 통해 무엇을 제공하는지 보자. 훌륭한 경험이긴 하지만 범위가 좁다. 해당 프로그램의 기능을 벗어난 아이디어가 있을 경우 다른 생태계를 활용해야 한다.
- 분열 가능성 : 투표를 사용하는 일부 팬 토큰 게임은 기업이 존중해야 하는 결과로 이어진다. 승자와 패자가 생기면 팬 내에서 분열이 일어날 수 있다.
- 마켓 애플리케이션 : 팬 토큰 프로그램은 현재 거의 스포츠클럽 시장에서만 활용되고 있으며 다른 산업이나 시장에 대한 프로그램은 많지 않다. 물론 미래에는 어떻게 될지 모르지만, 한동안은 팬 토큰 디앱이 일부 기업에서만 활용될 가능성이 크다.
- 발로 뛰기 : 기업은 사람들이 무엇에 투표하도록 하는지 신중을

가할 것이라 생각하지만, 사람들에게 권한을 부여하는 것이 오히려 역효과를 낳을 수도 있다. 브랜드는 통제력을 크게 잃지 않으면서도 팬 경험을 유익하게 만들기 위해 균형을 잡아야 한다.

- 투기성 : 기업 토큰은 암호화폐를 사용하지 않는 사용자에게 투기성 투자로 간주될 수 있으며 특히 토큰의 가치가 상실될 때는 실제 기업에 역효과를 주기도 한다.

| 팬 토큰 모범 사례

이 경험은 메타버스 초기에도 제법 자리를 잡은 상태였다. 이렇게 하면 예기치 않은 문제가 발생할 가능성이 줄어들어 프로젝트를 시작할 때 기업의 자신감을 높일 수 있다. 브랜드는 토큰이나 디자인 자산 중 어떤 것을 사용자에게 제공할지 선택할 수 있다. 팬 토큰 플랫폼은 아직은 틈새시장이다. 하지만 이 개념은 패션, 엔터테인먼트, 자동차에 이르기까지 많은 산업과 시장에 적용될 수 있다. 어떤 브랜드는 시장 격차를 메우기 위해 자체 팬 토큰 디앱을 구축하기도 한다. 개척자가 되고 싶다면, 자신만의 애플리케이션을 활용하는 것이 좋지 않을까?

가상 수집 게임

이 항목은 가상 스포츠 게임과 현실 세계에서 수집하는 취미를 합쳐 놓은 것이다. 만화책이나 야구 선수 카드, 병뚜껑, 우표 등 무엇이든 열심히 모으는 수집가들은 다음에는 무엇을 모을지 생각하고 있다. 켄 그리피 주니어Ken Griffey Jr.의 신인 카드가 나오면 거의 복권에 당첨된 것이나 다름없다. 이러한 블록체인 게임의 원칙은 모두 유사하다. 플레이어가 카드를 사고, 거래하고, 획득하면서 가치 있는 덱을 꾸리는 것이다. 플랫폼은 이러한 NFT 덱을 다양한 방식으로 사용한다. 예를 들어 팬존Fanzone과 같은 디앱은 플레이어 간 경쟁을 만든다. 다른 NFT와 마찬가지로 가상 수집 게임은 2차 시장에서 실제 가치를 얻거나 혹은 잃을 수도 있는 NFT를 만든다.

사람들은 무엇을 하는가?

- 좋아하는 운동선수의 NFT를 희소성이 있는 것부터 흔한 것까지 수집한다.
- 보상을 얻기 위해 다른 플레이어와 경쟁한다.
- 틈새시장에서 판매하고 거래한다.

장점:

- 현실 세계에서도 사람들은 수집품과 가상 스포츠 게임에 익숙하다. 어떤 NFT를 수집하게 하는지 아이디어를 더 쉽게 판매함으로써 관중을 메타버스로 끌어들인다.
- 현대화된 취미 : 젊은 층은 카드 팩을 사는 것보다 수집품의 새로운 물결에 더 관심이 있다. 이는 기업이 수집품에 신선함을 불어넣도록 한다.

- 게임화된 팬덤 : 꼭 특정 기업이나 클럽의 팬이 되지 않아도 좋다. 가상 축구 게임의 폭발적인 인기와 마찬가지로 스포츠를 게임화하는 데 관심이 있는 사람들도 많다.
- NFT 유틸리티 : NFT는 본질적으로 플레이어가 경쟁하는 데 도움이 되는 운동선수 카드며, 게임에 사용될 수 있는 요소가 있다.

단점:

- 사회성 부족 : 수집, 거래, 경쟁은 게임화를 발전시키지만 사회적 상호 작용은 커뮤니티를 구축하는 대신 NFT 교환에만 의존하게 된다.
- 좁은 초점 : 이 게임은 결국 흥미 기반이다. 전용 커뮤니티가 생성되겠지만 기존 플레이어 기반 외부 사람들을 유입할 만한 가치는 없다.

┃ 가상 스포츠 게임 및 수집품 모범 사례

이 항목은 흥미에 바탕을 둔 좁은 시장에서 훌륭한 게임화를 제공한다. 메타버스는 사실 가치 기반 커뮤니티가 사슬로 연결된 것일 뿐이다. 가상 스포츠 게임과 수집품은 카드 수집이나 가상 스포츠 게임을 즐기는 특정 인구를 끌어들이는 좋은 방법이다. 그리고 우리 모두는 가상 스포츠 리그 등의 대회가 스포츠 산업의 큰 부분이 되었다는 사실을 알고 있다. 그러나 이러한 디앱이 모든 사업에 적용될 수는 없으므로 유명 운동선수가 있는 소규모 그룹에 매력적이다.

메타버스 디앱

스팀, Xbox, 플레이스테이션, 닌텐도에서 볼 수 있는 게임 장르를 이론적으로 구현 가능한 메타버스 게임 및 플랫폼을 살펴보자. 중요한 차이점은 애플리케이션이 탈중앙화되었다는 특성과 NFT의 중요성이다. 이러한 NFT 항목은 재산, 트로피, 아바타 장비, 퀘스트를 완료하기 위한 도구 또는 다른 기능을 수행하는 물건이나 장식이 될 수도 있다. 이들은 콘텐츠를 열어보는 열쇠 역할을 한다. NFT 유틸리티는 게임 세계의 지식이나 법칙에 맞아야 하지만 NFT가 주도하는 경험에는 유연성도 크게 작용한다는 사실을 볼 수 있을 것이다.

이 게임은 많은 사람을 끌어들인다. 어떤 사람은 토큰을 얻기 위해, 어떤 사람은 고유한 NFT를 얻기 위해, 어떤 사람은 그저 친구와 함께하는 게임이 재미있어 보여서 온다. 이러한 환경에서는 커뮤니티의 역할을 고려하는 것이 중요하다. 플레이어 거버넌스 규칙과 게임 루프는 특정 위치나 가치 중심 커뮤니티를 비롯한 전 세계에 적용될 수 있다. 가장 복잡하면서도 가장 역동적인 환경인 것이다.

사람들은 무엇을 하는가?

- 돈을 버는 게임
- 재화를 얻는 게임
- 흥미 위주의 게임
- 비슷한 생각을 가진 사람들과의 교류

장점:

- 낮은 이탈율 : 메타버스는 참여를 위해 만들어졌으며 참여가 증가하면 플레이어는 이러한 세계에 머무르는 데 더 큰 관심을 갖게 된다.

- 커뮤니티 우선 : 이러한 생태계에서 플레이어와 기업이 협력하여 모두에게 유익한 몰입형 경험을 만든다.

- 다중 매체 : 기업은 메타버스, 현실 세계, 다른 디지털 채널의 경험을 함께 제공하는 것이 좋다.

- 다중 커뮤니티 : 메타버스는 다양한 관심사를 기반으로 하는 그룹을 단일 생태계로 가져와 브랜드와 제품을 더 많은 고객에게 노출한다.

- 적합성 : 시뮬레이션, 판타지 롤플레잉, 공상 과학, 슈팅 게임, 레이싱, 반려동물 훈련 등 다양한 장르의 메타버스가 있다. 브랜드 이미지 및 기타 요구 사항에 맞는 메타버스를 선택해야 한다.

단점:

- 하이터치High-touch : NFT는 디앱 운영자와의 긴밀한 협업이 필요하도록 설계되었다.

- 긴 개발 기간 : 더 역동적인 경험을 제공하기 위해서는 더 많은 자원과 개발 요구사항이 뒤따르며 출시는 그만큼 늦어진다.

- 적합성 : 모든 브랜드가 현실 세계에서 메타버스 디앱으로 완벽하게 변환되지는 않는다. 프로젝트를 작동시키려면 틀을 벗어나

는 아이디어가 필요할 수 있다.

┃ 메타버스 디앱 모범 사례

이렇게 게임화된 탈중앙화 애플리케이션은 다양한 경험을 제공하므로 브랜드를 메타버스로 확장할 준비가 되었을 때 고려해보는 것이 좋다. 여기에서 확실하게 말할 수 있는 것은 NFT 유틸리티의 잠재력이 매우 크다는 것이다. 기업이 NFT를 게임화하며 맥락 및 위치 기반 관련성을 구축하는 방식은 자산과 소비자 사이 연결을 더 깊게 만든다. 그러면 2차 시장 활동을 주도하는 NFT를 경험하고 소비하고자 하는 수요가 많아진다.

이미 가려운 곳을 긁어주는 메타버스 디앱이 있기 때문에 브랜드와 제품을 디앱에 맞추기만 하면 된다. 게임은 VR이나 AR과 같은 웹 3.0 기술을 사용하여 제품에 몰입도를 제공하는 좋은 장소다. 게임 역학과 제품을 보완하는 게임 내 경험을 구축하기 위해서는 시간과 계획이 필요하지만 메타버스의 다른 어떤 곳보다 더 큰 잠재력을 가지고 있다.

이야기의 힘

대규모 커뮤니티는 유기적인 경험과 이야기로 만들어진다. 어떤 사람들은 수익을 내기 위해 가치 있는 NFT를 찾는다. 어떤 사람들은 당장 먹고 살 돈을 벌기 위해서 한다. 그저 새로운 세계로 탈출하고 싶어 하는 사람들도 있다. 사람들이 메타버스에 들어오는 '이유'는 무궁무진하다. 우리는 더 큰 재미와 활력을 가진 브랜드가 사람들의 사고방식과 목표, 욕망을 더 만족시킬 수 있다고 믿는다.

판타지 세계는 초현실주의를 위한 무대를 만든다. 슈팅 게임은 숨막히게 치열한 한 편의 영화가 된다. 우주 게임에서는 멀리 떨어진 세계를 탐험한다. 실생활 시뮬레이션 게임에서는 사람들이 스스로 한 선택에 따라 신선한 삶의 방식을 체험한다. 마켓플레이스에서 NFT의 가치는 오르고 내린다. 팬 토큰 게임에서 플레이어는 브랜드가 실제로 내리는 결정에 관여한다. 이것은 모두 커뮤니티 참여와 문화를 주도하는 이야기다. 이러한 예도 무궁무진하다.

메타버스에서 사람들이 원하는 이야기나 이미 일어나고 있는 이야기를 잘 알고 있다면 대상 소비자에게 당신의 브랜드와 NFT를 알리기가 더 쉬울 것이다. 기존의 이야기에 편승하여 사용자 경험을 강화하거나, 존재하지 않던 이야기에 새로운 경험을 설계하는 방법을 찾아야 한다. 사람들이 관심을 가지는 공간과 장소를 둘러보자. 패션을 좋아하는 사람에게는 아바타를 위한 의류 NFT가 필요할 것이다. 가상 패션쇼를 열어도 좋다. 전투 게임에 빠진 사람에게는 승리에 도움이 되는 무기나 방어구를 제작해주는 것이 좋다. 보상이 따르는 새로운 퀘스트를 시작하면 더 좋다.

대부분의 회사에서 이것은 소비자를 끌어들이는 다른 방법이다. 소셜 미디어, 검색 엔진, 웹사이트, 텔레비전, 라디오, 신문 등에 광고하는 것과는 거리가 멀다. 광고도 메타버스의 일부지만 PPC 캠페인과 달리 브랜드는 소비자와 공유되는 환경에서 살아 숨 쉰다. 클릭을 유도하기 위해 안개가 자욱한 인구 통계에 의존하는 대신 이야기 기반 콘텐츠가 소비자를 끌어들인다. 사람들은 그저 광고를 접하는 것을 넘어 재미를 느낀다. 이러한 접근 방식은 메타버스의 올바른 방향을 찾는 데 도움이 된다. 대상 고객을 살펴보자. 그들은 무엇을 좋아하는가? 무엇을 하는가? 어떤 사람이 되기를 원하는가? 그런 다음 브랜드를 살펴보고 제품이 어떻게 기여할 수 있는지 자문해보자. 그들이 원하는 상태와 경험을 제공하는 NFT로 제품 포트폴리오 방향을 어떻게 전환할 수 있을까? 당신과 소비자 사이의 격차를 해소할 수 있는 파트너 및 플랫폼에 대한 디앱 환경을 볼 수 있어야 한다.

우리는 마치 넷플릭스 드라마를 보듯이 메타버스의 스토리텔링을 보고 싶어 한다. 시즌제로 진행되며, 각 시즌에는 하나의 이야기가 있다. 각 에피소드는 마지막에 결정되지만, 이야기가 살아 숨 쉴 수 있는 새로운 세계관을 구축한다. 사람을 끌어모으고 독특한 이야기를 만들고 새로운 NFT와 경험으로 이야기를 보완한다.

진정한 디지털 자산 소유권의 개념은 이야기에도 영향을 미친다.

실제로 이야기를 구축하는 것이 아니라 고객이 스토리를 만들도록 돕는 것이기 때문이다. 이러한 경험을 통해 관계는 단순히 거래를 넘어 성장한다. 사람들의 정체성과 사람들이 메타버스에서 어떤 존재로 있기를 원하는지를 두드리는 것이다.

한 곳에만 살 필요가 없다는 점도 명심하자. 브랜드가 설정한 변수에 따라서만 제한된다. 패션은 판타지 세계에서도, 실제 세계의 시뮬레이션에서도 잘 작동한다. 사람들은 지구에서처럼 손쉽게 화성의 임무를 수행할 수 있다. 사람들의 요구 사항을 고려하여 새로운 아이디어를 테스트하는 것을 두려워해서는 안 된다. 메타버스는 모든 사람에게 새로우며 그 영향력에 놀라게 될 것이다. 오늘날의 메타버스는 개척자를 위한 것이다. 그러니 당신만의 이야기를 찾아나가자!

또 다른 탐험 영역

2022년 기준 가장 일반적인 NFT 채널을 네 개의 사분면에 나타내 보았지만, 가까운 미래에 더 많은 장소와 플랫폼이 나타날 것이라고 확신한다. 여기에 정답은 없다. 전략, 목표 및 대상 고객을 기반으로 적합하면 된다. 다만 진정으로 자신의 길을 개척하려는 사람들에게 좋은 방법은 바로 직접 디앱을 만드는 것이다. 메타버스가 이미 광범위한 만큼 불안정한 영역도 많다. 물론 이것은 큰 사업이지만 구글 플레이나 애플 앱스토어와 같은 맥락에서 생각하면 된다. 초기에는 앱이 그렇게 많지 않았지만, 이제 자사 모바일 앱이 없는 비즈니스는 찾기 힘들 정도다.

우리는 기업이 죄다 자사 디앱을 메타버스에 출시해야 한다고 말하는 것이 아니며, 가까운 미래에 그렇게 되지도 않을 것이다. 다만 초기에는 기업에게 기회가 생길 것이다. 실제로 이미 그렇게 하고 있는 회사가 있다. 화장품 브랜드 SK-II는 자체 메타버스 도시인 SK-II 시티를 건설했다(PRNewswire, 2021). 방문자가 체험할 수 있는 대화형 요소가 있는 가상의 도쿄Tokyo시다. 이 개념은 팬데믹 기간 동안 브랜드가 고객과 연결되고 싶어 하면서 시작되었다. 이제 뷰티 브랜드도 고객과 상호 작용하고 자체 커뮤니티를 육성할 수 있는 기회의 도시를 갖게 되었다.

그 길은 다른 프로젝트보다 험난할 수도 있다. 그러나 경쟁자가 거의 없고 창의적으로 통제할 수 있다는 장점이 있다.

중앙 집중식 가상 세계는 또 다른 탐색 대상이다. 마이크로소프트의 마인크래프트나 로블록스, 에픽 게임즈의 포트나이트 등이 있다. 포트나이트는 슈팅 게임, 마인크래프트는 생존 및 건설 시뮬레이션 게임이라고 생각할 수 있지만, 이러한 세계가 얼마나 넓은지 그리고 커뮤니티가 어떻게 세상을 변화시켰는지 고려하지 않고 단정한 것이다. 웨이브가 로블록스에서 콘서트를 열었다. 2020년 트래비스 스콧Travis Scott 콘서트 생중계를 보기 위해 1,230만 명의 플레이어가 로

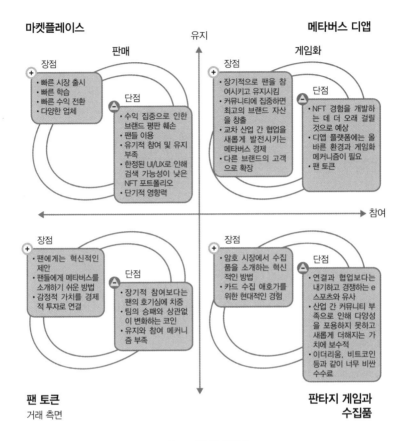

그림 6.2 장단점 사분면

그인 했을 때 뮤지션들은 포트나이트가 가상공간에서 어떤 역할을 할수 있는지 전 세계에 보여주었다. 아리아나 그란데Ariana Grande, 마시멜로Marshmello 등 아티스트들은 메타버스를 일종의 공연장으로 사용했다. 스타워즈Star Wars는 새로운 영화를 예고하는 독점 콘텐츠를 출시했다. 마인크래프트와 디즈니는 월트 디즈니 매직 킹덤Walt Disney Magic

Kingdom의 경험을 함께 구축했다. 이와 같은 사례는 매우 많다.

이 생태계에서의 파트너십은 창의적인 잠재력이 있으며 이를 활용할 수 있는 수백만 명의 플레이어가 있다. 이러한 세계와 탈중앙화 애플리케이션의 차이점은 배포자가 게임 규칙과 경제를 통제할 수 없다는 점이다. 그들이 정한 규칙에 따라 진행하기 때문에 시작하기 전에 어떤 의미인지 분명히 이해하고 들어가야 한다.

메타버스 파트너가 되기 전에 확인해야 할 것

새로운 사스SaaS를 영입하거나 시스템에 로봇을 추가하는 것처럼 벤더를 평가하는 상황이 메타버스 프로젝트의 성공과 실패를 결정할지도 모른다. 올바른 질문은 가장 좋은 선택지를 선택할 수 있도록 도와준다. 따라서 파트너와 더 의미 있는 대화를 나누고 필요한 답변을 얻을 수 있도록 이러한 질문을 제안 요청서나 심사 프로세스에 포함시켜야 한다.

질문: 유래

• 실적이나 경력이 어떻게 되는가? 자신의 플랫폼에 확신을 줄 만한 이력이 있는가?
• 회사나 프로젝트에 자금은 안정적으로 조달되었는가?

질문: 경제성

- 애플리케이션은 어떻게 관리되는가? 사람들이 하는가, 운영자가 하는가?

- 비즈니스 목표를 향한 명확하고 흥미로운 로드맵이 있는가? 실현 가능한 목표인가, 아니면 그림의 떡인가?

- 애플리케이션은 규정을 준수하며 개발되었는가? 탈중앙화 금융과 암호화폐에는 거래와 금융 측면에서 애매한 부분이 많이 있다. 회사의 데이터나 화폐 관리가 잘 이루어지고 있는지 확인해야 한다.

- 인앱 경제는 어떻게 작동하는가? 법정 화폐로 전환이 가능한가? 거래 형식인가, 게임화되었는가?

- 커뮤니티가 당신의 메타버스 프로젝트 특성에 부합하는가?

- 개방형 경제가 번성할 수 있도록 상호 운용성이 제공되는가, 아니면 폐쇄형 시스템인가?

질문: 파트너십 품질

- 플랫폼의 활동 궤적은 어떤가? 일간 및 월간 활성 사용자, 인앱 거래, 회원 이탈 정보를 살펴보자.

- 개발자는 프로젝트 전, 중, 후에 향후 프로젝트에 도움이 되는 어떤 종류의 데이터와 통찰을 제공하는가?

- 디앱 운영자와 함께 일하기 위해 어떤 역량이 필요한가?

• 디앱 기술 스택이 다음을 만족하는가?

    - 탄소 발자국을 고려한 블록체인을 기반으로 구축되었는가?

    - 모바일 우선 경험을 기반으로 구축되었는가? 아니면 웹 기반인가?

    - 초당 수백 건의 트랜잭션을 수행하도록 제작되었는가?

심사 프로세스를 진행하면서 다음 항목도 고려해야 한다. 파트너가 당신의 비전을 실현할 수 있는 기술과 자원을 제공할 수 있는가? 게임화를 구축할 수 있는가? 이야기를 디지털 자산으로 변환하는 것이 자연스러운가? 파트너가 얼마나 많은 마케팅 자원을 가져올 수 있는가?

이러한 사항을 알면 비즈니스에 필요한 세부 정보를 충분히 얻을 수 있기 때문에 이들이 장기적으로 도움이 되는 파트너인지 여부를 이해해볼 수 있다.

메타버스 경제는 사일로에서 작동하지 않는다는 것을 명심하자. [그림 6.3]은 메타버스 전략이 더 광범위한 디지털 전략이 되는 방법을 보여준다. 실제 매장이나 라이브 이벤트도 광범위한 디지털 전략을 실제 세계와 통합할 메타버스 전략을 구축하는 것이 중요하다. 이것은 또한 프로젝트 생태계를 선택하는 데 중요한 구성 요소다. 이러

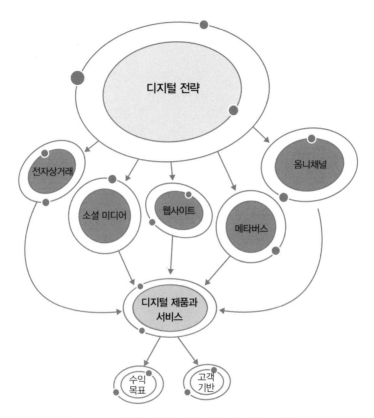

그림 6.3 광범위한 디지털 전략의 일부로서 메타버스 경제

한 플랫폼이 어떻게 메타버스 상거래를 전자상거래나 오프라인 매장에 연결할 수 있는지 명심해야 한다.

저자의 인사이트

캐시 해클 ─────────────────────

낙타의 등에 짊어진 마지막 지푸라기처럼 느껴질 수도 있지만, 지금 새로운 기술의 물결을 미리 생각하는 것은 메타버스에서 무엇을 하든 거쳐야 할 관문이다. 오늘날 사람들을 메타버스로 연결하는 최고의 하드웨어는 스마트폰일 것이다. 그러나 VR은 강해지고 있다. AR 안경도 점점 더 좋아지고 있으며 나이앤틱과 같은 회사는 현실 세계 위에 현실이 강화된 세계를 구현해 메타버스의 '진정한' 의도로서 AR에 대한 약속을 가지고 있다. 그 외에도 가상 환경에 사람들을 몰입시킬 수 있는 햅틱 장갑과 기타 감각 기술이 있다. 기술은 주류가 될 준비를 하고 있다. 시간이 좀 걸리겠지만, 특히 메타버스가 물리적 세계에서 어떻게 진화할 것인지에 관해서는 준비가 되어 있어야 한다. 애플이 AR/VR 시장에 진출할 때가 되면 당신도 준비가 됐을까?

더크 루스 ─────────────────────

어떤 브랜드는 다른 브랜드보다 스토리를 찾는 데 시간이 더 걸릴 수 있지만 모든 브랜드에는 메타버스에 대한 스토리가 있다. 이러한 새로운 생태계 내에서의 새로운 사용자 행동은 기업이 브랜드 경험을 창의적으로 활성화할 수 있는 좋은 장소다. 핵심 브랜드 제안을 받아들이면서 다른 것도 시도해볼 수 있다. 아직 메타버스가 시작 단계에 있기 때문에 어떤 것이 효과가 있고 소비자는 어떤 것을 원하는지 배울 수 있다. 클럽하우스Clubhouse와 트위터에서 관련 주제를 팔로우하고 경청하여 소비자 커뮤니티가 어떻게 '굴러가는지' 몸소 느끼자. 중개자를 고용하는 것도 고려해보자. 그들은 지역 사회를 둘러싼 문화를 깊게 고민하고 통찰력을 제공할 수도 있다.

토마소 디 바르톨로 _____

최고 단기 전략은 장기적으로 생각하는 것이다. 메타버스에서 사업을 하는 것은 기존에 가지고 있는 것을 최적화해서 이어지는 혁신이 아니라, 회사의 제안에 새로운 수익 창출 모델을 제시하고 새로운 제품 유형을 추가하는 것이다. NFT 상용화 사분면에서 시간이 지남에 따라 가치를 높일 수 있는 이상적인 기반을 제공하는 디지털 환경이 무엇인지 떠올려보자. 메타버스의 다른 부분에 가상 상품 상점을 만들고 디앱에서 모험을 디자인하는 동안 산업별 시장에서 NFT를 시작할 수 있다. 기업이 피하고자 하는 최악의 시나리오는 소비자가 지갑에 브랜드 NFT를 방치해놓는 것이다. 이 경우 디지털 자산은 가치가 있더라도 효용을 상실하므로 전체 가치 잠재력이 평가 절하된다.

3부

메타버스 제품 개발,
실행 프레임워크 및 향후 전망

Metaverse Product Development,
Action Framework,
and Future Perspectives

7장

NFT 파고들기

NFT

DEEP DIVE

상업 채널을 살펴보면 우리는 대체 불가능한 토큰이라고 하는 작은 녀석들이 얼마나 큰 가능성을 가지고 있는지 알 수 있다. 여기에서 NFT는 브랜드가 소비자와 연결되는 주요 방법이다. NFT는 온라인 환경에서 새로운 형식으로 소비자와 연결한다. 따라서 NFT는 기업이 메타버스 경제에 뛰어들기 위해 설계할 수 있는 다양한 경험을 살펴보는 데 유용한 일종의 렌즈와 같다.

비즈니스 모델을 다룰 때 살펴보았듯이, NFT가 메타버스 경제로 가는 유일한 경로는 아니다. 그렇다면 왜 우리는 NFT에 한 챕터를 할애했을까? 가장 큰 이유는 관련성이다. 우리는 업계 지식을 배우고 공유하는 것을 좋아하며, 메타버스로의 올바른 진입점을 찾는 기업들과 수백 건의 대화를 나눴다. 우리는 블록체인 및 메타버스 회의에서 패널 자리에 앉는다. 팟캐스트도 진행한다. 가상 세계에서 프로젝트를 시작하려는 기업과 상담하고 협력한다. 그 과정에서 계속해서 화두로 떠오른 것이 바로 NFT다.

2021년 메이시Macy 추수감사절 퍼레이드에서 메이시가 제작한 NFT 퍼레이드를 아는가? 한때 메이시의 NFT가 30만 달러 이상에 낙찰되었다는 사실은 어떤가? 이는 95년 전통을 유지하는 유익한 방법 중 하나다. NFT는 헤드라인을 장식하고 소비자에게 소유할 수 있는 유형의 장치를 제공한다. 이들은 의미가 있고 인기가 많으며 메타버스의 수많은 2차 시장에서 발생하는 새로운 수익을 창출하는 경로를 만들어준다. 마르지 않는 샘물과 같다.

다시 말해 우리는 NFT가 메타버스로 가는 최선의, 또는 유일한 경로라고 말하는 것이 아니다. 그러나 가상의 물웅덩이에 발가락을 담가보는 방법 정도로 생각해보는 것은 괜찮다. 그들이 무엇인지, 사용자가 그들로 무엇을 하는지, 메타버스 경제에 어떻게 부합하는지 자세히 살펴봄으로써 디지털 제품 포트폴리오에 어떻게 적용할 수 있는지 이해할 수 있을 것이다. 천천히 살펴보자.

NFT란 무엇인가?

1장에서 용어를 설명하며 NFT를 정의했지만 다시 한번 복습해보자. 대체 불가능한 토큰은 온라인 및 오프라인 유틸리티 항목으로 구매, 판매, 거래 또는 사용할 수 있는 디지털 자산이다. 우리는 NFT가 널리 확산되는 것을 보고 있다. 케빈 맥코이Kevin McCoy의 퀀텀Quantum은 최초의 NFT다. 메타버스나 디앱이 존재하기 몇 년 전인 2014년에 만들어졌다. 퀀텀은 2021년 140만 달러에 판매된 5초짜리 애니메이션 TIF다. 디지털 아트의 가치를 의심하는 사람이 있다면 퀀텀이나 수백만 달러 규모의 NFT 갤러리를 짓고 있는 유명 수집가를 알려주자.

인터넷에서 계속해서 사용되는 스톡 아트와 같은 디지털 파일과 NFT가 다른 점은 무엇일까? 바로 발행이다. 발행 과정을 통해 디지털 자산을 블록체인에서 검증한다. 이것은 베이브 루스가 서명한 야구공이 진짜임을 확인하는 것과 유사하다. 발행은 소유자와 작성자를 위해 NFT의 재산권을 보호하고 자산이 바뀔 때마다 스마트 계약은 변경할 수 없는 블록체인에 거래를 기록한다.

　이러한 방식으로 디지털 자산을 추적하면 스크린샷 등 사본이 아닌 원본인지 확인할 수 있다. NFT를 발행하는 사람들은 시장에 내놓을 디지털 자산의 사본 수를 결정하기 때문에 희소성이 생긴다. 이는 한정판 나이키 에어 조던Nike Air Jordan, 레드 제플린Led Zeppelin 재결합 콘서트 티켓과 같이 시장에서 가치를 창출한다.

NFT의 유형

디지털 자산인 NFT는 다양한 파일 형식을 다룬다. 거의 모든 디지털 파일을 NFT로 만들 수 있으므로 지식재산권을 디지털화하려는 회사에는 매우 편리하다. NFT의 유형을 이해함으로써 트렌드를 쫓는 것이 아니라 NFT 디자인을 브랜드와 고객의 취향에 맞출 수 있도록 하는 것이 중요하다.

　다양한 NFT를 간단히 분석해보자.

정적 자산 : 정적 자산은 가장 흔히 볼 수 있는 NFT로, 2차원 평면으로 만들어진 디지털 자산이다. 그러나 단순하다고 해서 꼭 저렴한 것은 아니다. 크립토펑크 및 지루한 원숭이 요트 클럽 NFT도 이 범주에 속하며 수백만 달러의 가치가 있다. 또한 이것을 디지털 아트라고 생각하면 안 된다. 밈과 같은 것도 모두 디지털 자산이 될 수 있다.

파일 형식의 예 : JPG, PNG, GIF, SVG, TIF

적합한 사분면 :

- 마켓플레이스

- 판타지 카드 및 수집품

- 메타버스 디앱

미디어 자산 : GIF가 등장하기 이전의 인터넷을 기억하는가? 지금보다 훨씬 재미없는 곳이었다. 이제 작은 애니메이션 파일도 NFT로 발행할 수 있다. 유명인의 초상화나 제품 배치, 바이럴 콘텐츠 등을 제어하는 좋은 방법이다.

파일 형식의 예 : GIF

적합한 사분면 :

- 마켓플레이스

- 메타버스 디앱

3D : 휴대전화나 컴퓨터 모니터에서 NFT를 보고 있다면 3D NFT의 매력을 얻지 못할 수 있다. 그러나 VR이나 AR에서의 메타버스 경험은 어떨까? 3D 아트를 전시하는 박물관에 가는 것은 또 어떨까? 아니면 블록체인 게임은? 이러한 환경에서는 3D NFT가 비로소 살아난다. 그러나 뒤집고 회전할 수 있는 가상 야구 카드와 같은 정적 자산도 3D 자산이 될 수 있다.

파일 형식의 예 : glTF

적합한 사분면 :

- 마켓플레이스
- 가상 스포츠 카드 등 수집품
- 메타버스 디앱

오디오 및 비디오 : 고양이 비디오가 없던 시절의 인터넷을 기억하는가? 암흑기라 해도 과언이 아니다. 이제 콘텐츠 제작자는 바이럴 미디어를 NFT로 포장하여 지식재산권을 보호할 수 있다. 이것은 고양이 비디오를 보호하는 것보다 훨씬 더 많은 일을 한다. 강연자가 훌륭한 강의를 발행하고 전 세계 청중과 공유한다고 생각해보자. 아니면 사람들이 듣고 교환할 수 있는 NFT 오디오북은 어떤가?

파일 형식의 예 : GIF, MP4, MP3, WebM, WAV, OGG

적합한 사분면 :

- 마켓플레이스

NFT는 메타버스 경제에 어떻게 적합해지는가?

NFT는 오늘날 시장 거래 및 게임의 주요 요소다. 그 외 기업도 이러한 자산을 활용하여 온라인과 오프라인을 한데 묶는다. [그림 7.1]은 다양한 유형의 NFT 자산이 단일 애플리케이션에 어떻게 들어가는지 보여준다. 여기에서 정적 NFT나 3D NFT가 게임 세계를 채우는 것을

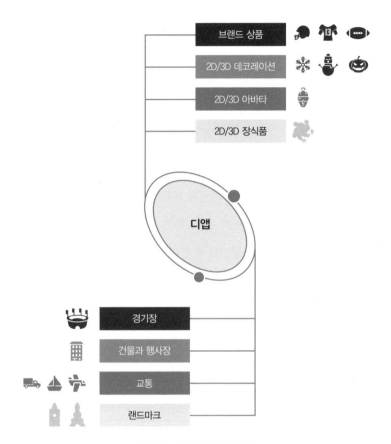

그림 7.1 업랜드의 NFT 생태계

볼 수 있다. 우리는 NFT 활동을 다음과 같은 여섯 가지 범주로 나누어 보았다.

| NFT 구입

NFT를 구입하는 거대한 시장이 있는 데에는 몇 가지 이유가 있다. 어떤 사람은 투자를 목적으로 한다. 호기심으로 하는 사람도 있다. 어떤 사람은 자신의 정체성의 일부라고 생각한다. 어떤 사람에게는 디지털 아트와 같다. 소비자들은 채굴자로부터 직접, 혹은 P2P나 이베이 등 2차 시장을 이용하는 방식으로 올바른 디지털 아이템을 얻기 위해 암호화폐나 실제 화폐로 수천, 수백만 달러를 기꺼이 지출한다. 이것이 NFT 시장의 비전이다. 그러나 NFT 형식의 이벤트 티켓 구입과 같은 소규모 거래도 있다.

| NFT 수익

패배를 반가워하는 사람은 없다. 우리는 모두 이기고 싶어 한다. 많은 블록체인 게임에서 사람들은 챌린지나 작업을 완료하거나 상금을 받아 NFT를 얻는다. 이러한 보상 시스템은 보다 적극적인 사용자 기반과 활발한 커뮤니티로 이어진다. 우리는 수익 메커니즘이 클수록 경제가 더 크다고 생각한다. 수익이 나면 시장에서 더 많은 가치를 지니며 커뮤니티에서 더 많은 화제를 불러일으킬 수 있기 때문이다. 최소한 돈을 버는 게임 모델은 사람들에게 자부심을 심어주고 NFT를 본질적인 보상의 중심에 두는 것이 평생 고객을 확보할 수 있는 좋은 방법이다.

| NFT 거래

건강한 메타버스 경제는 모든 거래에 에너지를 주는 흥정, 물물교환, 활기가 있는 시장과 같아야 한다. 이미 NFT는 많다. 그러나 특정한

NFT의 양은 유한하다. 특정 아이템을 얻기 위해 사람들은 서로 거래를 한다. 거래 목적은 NFT를 수집하여 세트를 완성하거나, 게임에서 작업을 완료하기 위해, 아니면 그저 아이템이 멋지다고 생각하기 때문일 수도 있다. 거래를 통해 아이템은 계속 움직이고 경제에 활력을 준다. 아마존에서 클릭 한 번으로 구매하는 것보다 확실히 더 상호적이다.

지식재산권으로서의 NFT

발행이라는 기능 덕분에 기억에 남는 순간을 소비자가 진정으로 소유할 수 있는 독점 콘텐츠 및 자산으로 만들 수 있다. 이는 유명인의 초상과 원본 콘텐츠가 무단으로 사용되지 않도록 보호하고 수익을 창출할 수 있는 좋은 방법이기도 하다.

NFT 스테이킹

NFT를 지갑에 남겨두거나 판매용으로 올리는 대신 NFT 스테이킹을 함으로써 자산 소유자는 NFT에 대한 수동 소득을 얻을 수 있다. NFT를 스테이킹하면 POS Proof-of-stake 프로토콜을 활용하는 블록체인 네트워크의 일부가 된다. 이러한 자산을 블록체인에 스테이킹하면 자산 스테이킹 기간 동안 벌어들인 연간 비율APR, Annual Percentage Rate이 생성된다.

❘ NFT 유틸리티

일부 NFT는 암호화폐 지갑에 보관된다. 이것이 문제는 아니다. 그러나 우리는 메타버스 세계의 일부로 존재하는 NFT가 훨씬 더 매력적이라고 믿는다. 참여도를 높이면 유지율이 높아지고 재방문 고객이 늘어나 브랜드에 오래 지속되는 고객 기반을 구축할 좋은 기회가 된다.

일반적으로 유틸리티 뒤에는 경험과 이유가 있다. 예를 들어 가상축구 경기 게임에서 NFT 카드는 경기를 뛰는 선수 명단으로 구성된다. 엑시 인피니티에서 엑시는 사람들이 훈련하고 전투에서 사용하는 NFT 생물이다. 업랜드에는 플레이어가 NFT 아바타와 속성을 수집하여 자신을 표현한다.

이 책의 앞부분에서 언급했듯이 유틸리티는 지리적 위치, 맥락 및 게임화의 세 가지 범주로 나뉜다. 여기서 우리는 NFT에 집중하여 유틸리티의 세 가지 측면을 살펴보자.

지리적 위치 : 위치, 위치, 위치. 메타버스에 발판을 마련하려면 디앱 내 NFT를 배치하기에 가장 좋은 위치가 어디일지 생각해야 한다. 업랜드의 축구 경기장을 예로 들어 보자. 업랜드 내부에 축구 팬이 방문할 수 있는 전용 공간을 만들어 NFT 및 기타 제품에 대한 타깃 고객을 쉽게 유치할 수 있다. NFT를 다른 관련 브랜드나 비슷한 제품, 또는 참여하고 싶은 이벤트와 가깝게 배치함으로써 NFT의 위치를 성공으로 결정할 수 있다. 또한 업랜드 등 실제 메타버스가 있는 디앱과 파트너 관계를 맺을 경우 가상 위치와 실제 생활을 미러링하

는 방법을 생각해야 한다. 예를 들어 오프라인 매장과 동일한 위치에 가상 NFT 매장을 설정할 수 있을까? 고유한 NFT를 만들고 그곳에서만 접근할 수 있는 비밀 활동으로 가상 상점을 구축할 수도 있다.

맥락화 : 지리적 위치는 장소를 제공한다면, 맥락화는 해당 위치에서 수행할 작업을 제공한다. NFT는 이벤트 티켓, 쿠폰, 아바타 장비, 현실 세계에서 볼 수 있는 AR 자산 등으로 사용될 수 있다. 중요한 것은 설정에 따라 NFT로 무엇을 하는지 고려하는 것이다. 축구 경기장으로 돌아가서 경기장(경기 당일)에서 선수 NFT를 판매하면 가상 세계의 위치를 기반으로 디지털 자산에 대한 맥락이 추가된다. 또 다른 예는 AR을 사용하여 사람들이 실제 미술관에서 NFT 예술을 볼 수 있도록 하는 것이다. 이것은 위치에도 맥락을 추가해 실제 세계와 메타버스를 이어주는 좋은 방법이 된다.

게임화 : 누군가에게 제품을 공짜로 주는 것은 괜찮다. 그들은 수집하러 올 것이다. 그러나 소비자에게 제품과 관련이 있는 무언가를 제공하면 돌아올 이유가 된다. 그리고 그들이 당신의 브랜드에 참여하기를 원한다면 NFT를 중심으로 활동을 구축하면 유지율이 높아진다. 망치만 주지 말고, 망치질할 수 있는 것 그리고 망치질하는 것이 멋진 이유를 보여주어야 한다. 그러면 그들은 못을 가지러 올 것이다. 이러한 게임 루프는 보상을 위해 NFT 수집 세트를 완성하는 것처럼 간단할 수도 있고, 대형 비디오 게임에서 볼 수 있는 분기별

그림 7.2 NFT 유틸리티

퀘스트에서 NFT를 사용하여 작업을 수행하거나 보상을 얻는 것처럼 복잡할 수도 있다. 사용자에게 달성할 무언가를 제공하고 NFT를 정상에 도달하기 위한 수단으로 사용하면 NFT에 대한 수요를 증가시키면서 소비자를 위한 보람 있는 게임 루프를 구축할 수 있다.

[그림 7.2]처럼 모든 형태의 유틸리티를 NFT에 통합하면 이러한 자산에 더 많은 가치를 부여할 수 있으므로 세 가지 유틸리티 요소를 염두에 두고 NFT 전략을 평가하는 것을 추천한다. 그리고 게임화, 지리적 위치, 맥락화 세 가지 항목을 모두 사용하여 시장 잠재력을 극대화하는 것이 좋다.

초기 회의론 대응

메타버스 경제나 블록체인, 탈중앙화 방식의 기록 보관에 회의적인 기업도 분명 있을 것이다. 이는 CTO와 IT 관리자가 처음에 회의적이었던 클라우드 초기를 떠올리게 한다. 온프레미스 On-premise 저장소는 수십 년 동안 사용되었다. 사람들은 정보를 '클라우드'와 같이 애매모호한 장소에 넣는다는 아이디어를 비웃었다. 이제는 클라우드 서비스가 없는 애플리케이션이나 데이터베이스를 찾기가 어려울 정도다. 세상은 변했고 온프레미스는 자신의 존재를 증명하기 위해 힘든 싸움을 하고 있다.

우리는 블록체인과 수익 모델을 절대적으로 신뢰한다. 블록체인 기록의 모든 트랜잭션은 분산되어 있다. 즉, 해당 블록체인 내 모든 노드에 저장된다. 이는 블록체인에 바로 눈에 띄는 가짜 기록을 생성하지 않고는 누구도 규칙을 위반할 수 없도록 하는 안전장치를 제공한다. 해당 오류에 대한 세부 정보는 쉽게 기록하고 수정할 수 있다. 간단히 말해서 블록체인 데이터는 변하지 않는다. 따라서 누군가가 게임 내 아이템을 구매할 때 블록체인은 그것이 진품임을 보장한다. 각각의 생태계에서 희소성 및 인지된 가치와 결합된 진정성이 NFT의 가치를 결정한다.

NFT 설계 및 목적에 대한 주요 고려 사항

NFT가 메타버스에서 어떤 느낌을 주고 무엇을 '수행'하기를 원하는지 생각할 때 다음 여섯 가지 기준을 고려해야 한다.

1. 본질적 가치

누구를 대상으로 할 것인지 알고 있다면 그들이 무엇을 원하고 필요로 하는지, 그 정체성을 NFT로 변환하라. NFT에는 외적 가치와 금전적 가치도 있다. 그러나 사람들은 대체로 감정적인 결정을 내리고 합리화한다. 따라서 소비자의 눈에 '멋진' 요소를 만들 수 있는 방법을 찾는 것이 중요하다. 그렇게 하면 그들은 당신을 따라 메타버스로 친구를 데리고 들어올 것이다.

2. 시간 경과에 따른 가치

NFT는 한번 구매하면 영원히 소유자에게 소속된다. 그리고 대부분 유통 기한이 없다. NFT가 어떻게 고급 와인처럼 숙성되는지 그리고 왜 어떨 때는 포도 주스처럼 숙성되지 않는지 생각해보자. 우리는 디지털 영역에서 역사를 만들어 나가고 있다. NFT를 설계하여 그 역사의 일부가 되고 향후 수십 년 동안 지속될 메타버스의 수명 동안 가치를 제공하는 방법을 찾자.

3. 경험

스포티파이 설치가 너무 어려워서 사람들이 음악 콘서트에 가는 것
은 아니다. 사랑하는 아티스트와 연결을 느끼고, 함께 뛰고 외치고
싶어 하는 다른 팬들과 함께하기 위해서 간다. NFT에는 NFT를 소
유하고 있는 사람이 그 어느 때보다 브랜드에 가깝다고 느끼도록 만
드는 힘이 있다. 그러한 열성 팬에게는 어떻게 보상할 수 있을까? 팬
클럽을 만들고 NFT 소유자만 사용할 수 있는 고유한 콘텐츠를 만들
어 콘텐츠를 살짝 엿볼 수 있게 할 수 있을까? 안 될 이유는 없다.

4. 문화와 사회

우리는 메타버스가 커뮤니티를 중심으로 구축되었다는 아이디어를
좋아한다. 같은 생각을 하고 친화력을 기반으로 한 사람들이 로블록
스나 포트나이트 파티처럼 좋아하는 일을 하기 위해 모인다. 브랜드
는 여기에서 NFT 공급업체일 뿐 아니라 트렌드세터가 될 수도 있
다. 블록체인 세계에서는 사용자가 기업보다 훨씬 더 많은 권한을
가지고 있다. 탈중앙화 자율 조직DAO을 통해 말 그대로 디앱 내부에
서 규칙을 만든다. 따라서 당신의 제품이 사람들을 하나로 모을 수
있는 방법을 고민해야 한다. 월드 오브 워크래프트World of Warcraft의
성공이 훌륭한 그래픽 때문만은 아니었다. 열성적인 팬 커뮤니티를
만들었기 때문이었다. 사람들은 그곳에서 놀기만 하지 않았다. 친구
를 만나고 심지어 배우자를 찾았다. 우리는 당신이 그래야 한다고
말하는 것은 아니지만, 커뮤니티를 지원할 수 있는 방법은 생각해볼

가치가 있다. 그러면 커뮤니티가 당신을 지원할 것이다.

5. 상호 운용성

모든 디앱은 NFT와 같은 자산을 메타버스의 다른 영역으로 가져오거나 내보낼 수 있다. 이것은 브랜드가 브랜드 인지도를 확장할 수 있는 놀라운 기회다. 마치 쇼핑몰 한쪽 끝에서 다른 한쪽 끝으로 구찌 가방을 들고 다니는 사람이나 갓 구운 도넛 냄새가 거리를 휘젓는 것처럼, 당신의 제품이 더 멀리 이동할수록 더 많이 노출된다. 그래서 사용자는 이동할 수 있는 가상의 정체성을 만드는 방법을 찾는다. 주유소에서 식료품점에 갈 때 옷을 갈아입을 필요가 없다. 상호 운용성을 통해 메타버스 거주자는 어디에서나 원하는 사람으로 존재할 수 있다. 드래곤을 죽이거나, 디지털 자동차를 운전하거나, 그냥 놀거나 상관없이 NFT에 '멋진' 요소를 더해 사람들이 자산을 소유하도록 만들 때는 이 점을 염두에 두어야 한다.

6. 지속 가능성

디지털 방식이더라도 탄소 발자국을 고려해야 한다. 블록체인에는 암호화폐 채굴에 의해 제공되는 힘이 필요하다. 어떤 블록체인은 다른 블록체인보다 에너지 효율적이며, 브랜드는 메타버스 파트너를 선택할 때 글로벌 영향을 고려하는 것이 중요하다. 이것은 단지 책임감의 문제만은 아니다. 젊은 층은 지속 가능성을 기반으로 브랜드를 결정하기도 한다.

메타버스 경제에서 아름다움을 찾은 크리니크

메타버스는 새롭고 미지의 것에 대한 불확실성, 때로는 두려움까지 가지고 온다. 그런데 기업은 왜 굳이 메타버스 초기에 프로젝트에 신경을 써야 할까? 비즈니스 관점에서 답을 얻기 위해 크리니크의 첫 번째 NFT 프로젝트에 대해 록산느 아이어Roxanne Iyer, 딜런 고트Dylan Gott와 이야기를 나눠보았다. 이 뷰티 브랜드와의 대화에서 우리가 얻은 큰 교훈은 메타버스에서 성공하기 위해서는 올바른 목표, 접근 방식 및 태도를 가져야 한다는 것이다.

Q. 어떻게 메타버스에 관심을 갖게 되었나요?

A. 크리니크는 항상 혁신하고, 이해하기 위해 실험하고, 배운다는 철학을 가진 대담한 브랜드였습니다. 우리는 소비자들이 어디에서 시간을 보내기 시작했는지 알 수 있었습니다. 이것이 마케팅의 미래가 될 수 있겠다는 생각에 이 공간에서 실험하고 배우고자 했습니다.

Q. 메타버스 프로젝트를 간략하게 설명해 주세요.

A. 크리니크는 에스티 로더 컴퍼니Estée Lauder Company, ELC에서 최초로 NFT를 출시했으며 전체를 보아도 몇 안 되는 NFT 출시 브랜드 중 하나입니다. 우리는 NFT를 판매하기보다는 소비자들에게 연휴 기간 동안 희망과 낙관에 대한 이야기를 나

누도록 요청했습니다. 이후 10년 동안 1년에 한 번씩 세 개의 NFT와 다양한 제품을 세 명의 우승자에게 제공했습니다.

Q. 메타버스를 평가할 때 어떤 종류의 산업 분석을 수행했습니까?

A. 아직은 낯선 분야인 만큼 이 공간에는 데이터가 그렇게 많지는 않습니다. 이해하고 경험하고 그 잠재력을 알아보려면 직접 뛰어드는 수밖에 없습니다. 우리는 몇 가지 플랫폼에서 많은 시간을 보냈고 토지를 구입하고 NFT에 투자했습니다. 패션 브랜드는 메타버스 경험뿐 아니라 실제 세계의 브랜드에도 가치를 더하는 창의적인 발상으로 다른 분야보다 훨씬 빠르게 움직이면서 영감을 얻습니다.

Q. 프로젝트를 론칭한 장소와 그 이유는 무엇인가요?

A. Sweet.io 플랫폼에서 프로젝트를 시작했습니다. 새로운 사용자를 끌어들이기 위한 원활한 경험을 제공하기 때문입니다. 마켓플레이스에는 간단한 지갑 생성 프로세스가 있습니다. 또한 사용자가 원한다면 NFT를 비보관 지갑으로도 이동할 수 있습니다.

Q. 이번 NFT 프로젝트는 어떤 파트너에 의지하여 진행했나요?

A. 우리는 런던에서 시계제조공Clockkemaker이라는 크리에이티브 에이전시를 가지고 있었습니다. 앞서 언급했듯이 Sweet 라는 시장 공급업체가 있습니다. 그리고 메타버스의 대모로

알려진 캐시 해클은 첫 번째 NFT 출시를 안내하고 도와주는 핵심 파트너였습니다.

Q. 프로젝트 론칭 경험에 대해 말씀해 주세요.

A. 정말 놀라웠습니다. 우리는 민첩하게 움직였어요. 출시를 준비하면서 우리는 대표 상품인 블랙 허니 Black Honey 립스틱이 실제 세계에서 유행하고 매장에서 매진되고 있다는 사실을 알게 되었습니다. 그래서 소비자가 제품의 디지털 버전을 소유할 수 있도록 블랙 허니의 핵심을 포함하도록 NFT를 수정했습니다.

Q. 성공은 어떻게 확인했나요?

A. 우리의 목표는 고객을 끌어들이고 참여를 유도하는 것이었습니다. 가입 증가, 검색 및 브랜드 참여도 20% 증가 그리고 브랜드 사용 시간도 증가했다는 것을 확인했습니다. 우리는 고객 유입뿐 아니라 리더십을 확보하고 싶었습니다. 그리고 이러한 목표를 달성했습니다.

Q. 고객에 대해서는 무엇을 배웠나요?

A. 크리니크 NFT 작업을 통해 소비자들은 더 많이 이해하려 하거나, 얼마나 참여했는지 보여주고자 했습니다.

주요 내용은 다음과 같습니다.

1. 소비자는 참여하고 연결되기를 희망하면서 이미 와있다.

2. 커뮤니티, 참여 및 소유권에 대한 아이디어는 메타버스에

서 힘을 실어주고 있으며 이 공간에서 어떻게 플레이할지 결정해야 한다.

3. 메타버스는 물리적 경험에도 영향을 미칠 것이다. 초기에 조사했던 바에 따르면, 디지털과 실제를 연결할 수 있는 엄청난 기회가 있다. 브랜드가 물리적 세계에서는 단방향이고 디지털에서는 단절되는 것은 혼란스럽다.

Q. 메타버스에서 다음 계획은 무엇인가요?

A. 가장 크게 배운 것은 우리가 이 공간에서 더 많이 탐험할 수 있다는 것입니다. 앞으로 계획은 테스트와 학습에 대한 접근 방식을 계속하는 것입니다.

Q. 크리니크가 발전하는 데 변곡점으로 작용할 수 있도록, 진화하는 메타버스에서 찾고 있는 특정 기술이나 이정표가 있을까요?

A. 앞으로는 모바일 기기가 메타버스로의 중요한 진입 지점이 될 것이라고 생각합니다. VR은 이러한 경험을 특별한 수준으로 끌어올리지만 모바일 기기가 더욱 접근이 쉬워 결국 주류가 될 것입니다.

Q. 화장품 산업이 메타버스에서 나아가야 할 방향에 대해 말씀해 주세요.

A. 소비자 참여 방안을 고민하고, 브랜드 및 제품 소유권을 재정립하고, 커뮤니티를 다시 구축하고, 새로운 상거래 흐름을 만

들기 위해 탐구하고 싶은 영역이 너무 많습니다. 이 몰입형 신세계에서는 창의력이 중요할 것이라고 생각합니다.

크리니크

1968년 한 뷰티 에디터가 저명한 피부과 의사에게 '피부 좋아지는 방법이 있을까요?'라고 물었다. 그 대답이 바로 크리니크였다. 피부과 전문의가 개발한 최초의 스킨 케어 라인으로, 오늘날 크리니크는 훌륭한 스킨 케어, 메이크업 제품 덕분에 전 세계 107개국에서 판매되고 있다. 크리니크는 최첨단 공학으로 업계 최고의 연구 및 테스트를 거치며 계속 진화하고 있지만 50년이 넘도록 변경되지 않은 사항도 있다. 크리니크는 50년 넘게 알레르기 테스트를 진행했고 무향이며 항상 모든 피부에 맞는 화장품을 제공하고 있다.

록산느 아이어

아시아, 중동 및 미국에서 20년 이상의 경험을 쌓았으며 수석 마케팅 리더로 인정받는 록산느 아이어는 크리니크의 글로벌 소비자 참여 담당 부사장이자 크리니크의 첫 번째 NFT를 에스티 로더 메타버스에 출시하는 데 도움을 주었다. 이전에는 랄프 로렌Ralph Lauren의 글로벌 디지털 마케팅을 이끌었고 로레알 L'Oréal에서 다양한 디지털 혁신 리더 역할을 했다.

딜런 고트

딜런 고트는 에스티 로더의 수석 혁신 리더며, 8년 이상 회사에서 다양한 전략적 역할을 수행했고, 가장 최근에는 메타버스 및 웹 3.0에 집중했다. 딜런은 자칭 크립토 네이티브이며 회사의 여러 NFT 출시에 조언을 아끼지 않았다.

스텔라 아르투아는 NFT 프로젝트를 통해 강해졌다

제품이 선반에 놓여 있기를 원하는가, 아니면 NFT의 경우 암호화폐 지갑에 갇히기를 원하는가? 혹은 소비자가 제품에 참여하고 브랜드에 생명을 불어넣기를 원하는가? 많은 기업이 제품 경험에 몰입할 수 있도록 설계하는 방법을 찾기 위해 기존의 틀에서 벗어나 생각해야 한다. 예를 들어, 메타버스와 같은 디지털 매체가 맥주와 같은 소비자 재화와 무엇을 '할 수 있을까?' 스텔라 아르투아Stella Artois는 그것을 알아냈고 메타버스에서 최초의 맥주 브랜드이자 빠르게 움직이는 소비재FMCG가 되었다. 회사의 프로젝트와 학습 내용을 자세히 알아보기 위해 린지 매키너니 Lindsey McInerney와 이야기를 나눠보았다.

Q. 메타버스에 관심을 갖게 된 계기는 무엇일까요?

A. 메타버스는 인터넷의 미래이자 다른 곳에서는 즐길 수 없었던 장난기와 창의성을 허용하는 새로운 공간입니다. 실험, 학습 및 적응의 여지가 있을 뿐만 아니라 소규모 수집가 및 창작자 그룹과 그 어느 때보다 친밀하게 직접 연결할 수 있는 능력이 있습니다.

메타버스는 빠르게 성장하고 있으며 경험을 만들고, 즐겁게 하고,

사람들과 소통하는 새로운 공간일 뿐만 아니라 그 자체로 경제가 될 것이다. 전자상거래, 소셜 미디어, 심지어 웹사이트와 이메일 등이 발전해온 과거와 유사하게, 많은 브랜드는 메타버스 전략이 필요하지 않다고 생각할지도 모르겠다. 그러나 과거를 살펴보면 그것이 근본적으로 사실이 아님을 알 수 있다. 메타버스의 모든 브랜드와 모든 산업에는 기회가 열려 있다.

Q. 메타버스 프로젝트를 간략하게 설명해 주세요.

A. 저는 플레이어가 디지털로 경주마를 구매하고 번식시키고 경주에 참여시키며 소유할 수 있는 VHS의 암호화 기반 경마 게임인 제드런Zed Run과 협력하여 스텔라 아르투아 영국 지점을 메타버스에 출시했습니다. 우리는 5일 동안 50개의 NFT 번들을 경매로 내놓으며 '아르투아의 삶The Life Artois'에서 영감을 받은 3D 경마장을 시작했습니다. 이 캠페인은 우리가 얼마 동안 전통 매체에서 실행해 온 캠페인입니다. 이를 통해 사람들은 '아르투아의 삶'에 완전히 몰입할 수 있었습니다. 각 번들에는 스텔라 커스텀 스킨Stella Custom Skin 1개, 기념품Commemorative Art Piece 1개, 제네시스 경주마Genesis Race Horse 1개가 포함되어 있습니다.

우리는 스텔라 아르투아가 메타버스에서 브랜드 가치를 가질 수 있고 매출 성장을 주도할 수 있다는 것을 보여주고 싶었다. 그렇게 하기 위해서는 메타버스에서 브랜드를 증명하고 검증하기 위한 첫 번째 단계를 수행하는 것이 중요했다. 물론 유구한 역사와 유산을 가진 회사인 우리는 스텔라 아르투아 UK를 메타버스에서 또 다른 '브랜드 NFT' 이상을 제공하여 FMCG 브랜드로 확립하고 제드런 수집가들에게 가치를 제공하여 실제 게임 내 존재감을 전달하고 싶었다. 그리고 우리는 메타버스를 현실 세계의 DTC 경험과 새로운 세계의 '브랜드 X' 스포츠 경험에 연결하는 것을 포함하여 더 많은 미래 전략적 파트너십을 위한 길을 최초로 닦고 싶었다.

Q. 메타버스를 평가하면서 어떤 산업 분석을 했나요?

A. 2020년에 기술 혁신 팀의 팀장이 되었을 때 벨기에 맥주 회사인 앤하이저부시 인베브AB InBev를 위한 메타버스, 웹 3.0, NFT 및 암호화 기획서를 썼습니다. 농업 기술에서 마케팅 기술에 이르기까지 모든 것을 조사해야 했지만, 가장 강력하고 기회주의적인 웹 3.0과 메타버스가 다가오고 있었습니다.

Q. 메타버스에 대한 관심에 대해 고객과 혹은 잠재 고객과 이야기를 나누어 보셨나요?

A. 네. 누구나 그렇겠지만 저에게는 솔루션이 실제 문제 또는 필요를 해결해야 한다는 것이 중요했습니다. 소비자의 실제 관

심 지점과 맞아 들어가야 하고 새로운 매체를 활용해야 하죠. 좋은 예는 바로 NBA 톱샷입니다. 디지털 농구 카드가 무엇이고 어때야 하는지 생각해본 사람은 아무도 없었습니다. 하지만 사람들은 농구를 좋아하고 현실에서 농구 카드와 용품을 수집합니다. 톱샷 영상이 출시되었을 때 농구 카드를 소유하는 경험과 완벽하게 평행을 이루면서 디지털 네이티브 구성 요소와 블록체인을 활용하여 농구 팬들이 진심으로 수집할 수 있는 무언가를 만들었습니다.

Q. 프로젝트를 어디서 론칭했고, 그 이유는 무엇일까요?

A. 맞춤형 마이크로사이트에서 시작했고 3D 경마장은 제드런에 있습니다. 스킨, 말, 기념품은 오픈시에서 거래할 수 있습니다.

Q. 이번 NFT 프로젝트에서 의지한 파트너가 있나요?

A. 우리는 이 프로젝트를 작은 팀으로 진행하여 빠르게 변화하는 창의성을 활용했습니다. 제드런 VHS은 커뮤니티 통찰력을 가지고 흥미를 불러일으키는 것을 찾아내는, 우리가 크게 의지한 훌륭한 파트너였습니다.

나는 브랜드가 현실에서 하는 일을 메타버스에서 병행해야 한다고 생각한다. 실제로 AB 인베브는 세계 최대의 스포츠 후원사며 사람들을 한자리에 모아 엔터테인먼트를 제공한다. 메타버스에서 제드런은 프리미엄 스포츠 플랫폼이다. 이것은 진정한 시너지 효과를 냈다. 우리의 포트폴리오에는 말과 파트너가 되기에 완벽한 두 가지 브랜드가 있다. 버드와이저Budweiser는 실제 세계에서 클라이저데일Clydesdales과 마구간을 가지고 있다. 그리고 세계에서 가장 고급스럽게 경마를 후원하는 스텔라 아르투아 UK가 있다.

Q. 메타버스 프로젝트를 시작했을 때는 어땠나요?

A. 미지의 영역을 즐기는 건설자나 개척자라면 정말 신나는 일입니다. 빠르게 결정하고, 직감을 신뢰하고, 불완전한 데이터로 작업하고, 새로운 정보나 변화에 빠르게 적응해야 하는 것은 꿈과 같은 일이었습니다. 또한 공개적으로 구축하고 어디에도 존재하지 않는 커뮤니티로부터 실시간 피드백을 받는 것에는 흥미로운 점이 있죠. 이를 통해 서로 만족하는 방식으로 결과물이 나왔습니다.

Q. 프로젝트 성공은 어떻게 알아볼까요?

A. 일단 초기 개념을 실행했고 받아들이는 데 성공했습니다. 그런 역사를 가진 브랜드가 이 공간에서 잘 놀고 좋은 평가를 받을 수 있을지 실험하고 싶었지만 아직까지 참고할 만한 사례는 없었습니다. 저는 스텔라 아르투아의 역사와 유산을 불변의 블록체인에 기록하고 싶었습니다. 그리고 가장 중요한 것은 시간과 자원을 들일 가치가 있으며 기회가 많다는 것을

보여주고 싶었습니다. 결국 우리는 수집가, 커뮤니티 및 게이머를 즐겁게 하는 동시에 우리와 같은 브랜드를 위한 길을 닦았습니다.

가장 중요한 지표인 암호화 커뮤니티에서는 소위 난리가 났다. NFT 경매 기간 동안 수천 건의 입찰이 들어온 후 이 프로젝트는 5일 만에 80만 달러 이상의 매출을 기록했다. 디지털 판매의 성공으로 미디어의 주목을 받았으며, 이는 전 세계 플랫폼에서 1억 건 이상의 노출로 이어졌고 기존 마케터들도 기뻐했다.

Q. 배운 점이 있다면요?

A. 스텔라 아르투아 UK와의 캠페인은 빠르게 움직여야 했고, 내가 어떤 편견을 가지고 있는지 확인할 수 있는 시간이었습니다. 이 공간은 내가 일한 다른 그 어떤 곳보다 빠르게 움직이고 빠르게 변합니다. 직감에 의존하고 커뮤니티와 협력하여 일하는 것이 당연한 세상이 되었습니다.

Q. 진화하는 메타버스에 참여하기 위해 원하는 특정 기술이나 이정표가 있습니까?

A. 메타버스의 세계나 우주 간에 자산을 이동할 수 있는 기능인 상호 운용성이 특히 기대됩니다. 이것이 디지털 소유권의 진정한 의미에 생명을 불어넣을 것이라고 생각합니다. 또한 더

많은 사람들이 디지털 자산을 구매하고 그것이 의미하는 바를 이해하는 데 편안함을 느낄 수 있도록 진입로가 더 쉬워져야 한다고 생각합니다.

개인적인 차원에서는 증강현실이 오늘날보다 훨씬 더 원활한 디지털 물리적 경험을 생성하도록 진화하기를 바란다. 오늘날 전화, 컴퓨터, 화면은 항상 우리를 현실 세계의 그 순간으로부터 멀리 데려간다. AR이 제대로 작동한다면 우리는 물리적 경험에 디지털을 추가하지만 순간에 머무를 수 있어 신체 활동이 향상될 것이다. 현재 기술 상태가 우리에게서 빼앗아간 그 순간이다.

Q. 메타버스에서 당신의 산업이 어디로 향하고 있다고 생각하시나요?

A. 단기적으로는 기업이 자체 '메타버스 연구실'을 구축하는 동안 오래된 브랜드와 웹 3.0 네이티브 브랜드 간의 많은 브랜드 파트너십을 맺어 공간을 검증하고, 그들이 플레이하기에 적합한 영역을 찾는 과정을 보게 될 것이라고 생각합니다. 성공적인 초기 메타버스 프로젝트는 재미있고 게임과 같으며 매력적입니다. 그들은 회사의 팬에게 그들과 함께 성공을 공유할 수 있는 기회를 제공할 것입니다. 핵심적으로 사람들을 즐겁게 하기 위해 모이는 브랜드가 많이 있습니다. 그들은 이

러한 개념을 쉽게 구축할 수 있을 것입니다. 메타버스에는 여러 최신 기술이 사용되지만, 브랜드가 여기에서 핵심적으로 여겨야 할 개념이 있습니다. 광고, 후원, 라이선스, 전자상거래, 소비자와의 직접 소통 등을 웹 3.0 정신을 바탕으로 새롭게 꾸려야 할 것입니다.

좋은 예가 쇼핑이다. 우리는 원하면 아바타가 우리의 육체를 복제하게 할 수 있고, 가상 상점에 들어가 옷을 구매하기 전에 입어볼 수 있다. 인간이나 AI 아바타를 상점에 배치하여 질문에 답하고 의상을 선별하는 데 도움을 주며 실제로도 고객이 결제 전에 하는 것처럼 고객의 의류 모양과 느낌에 대한 의견을 제공할 수 있다. 이와 같은 경험은 매출을 증가시킬 뿐만 아니라 반품의 필요성도 감소시키며 디지털로 구입한 의류를 실제 상품으로도 구매할 수 있기 때문에 구매자가 상품을 드러낼 수 있는 추가 방법도 제공한다.

소비재의 경우 오늘날 온라인 식료품 쇼핑 경험이 얼마나 열악한지 많이 생각한다. 식료품 가게의 통로를 걸으며 목록에 추가하는 것도 불가능하고, 잊고 있다가 물건을 보고 생각나서 사거나, 새로운 물품을 발견해 시도해보는 것과 같은 경험은 없다. 3D 가상 식료품점을 사용하면 이러한 경험이 현실 세계와 훨씬 더 자연스럽고 유사하게 일어날 수 있으며, 심지어 와인 카운터에 인간 소믈리에 직원을 배치하여 식사에 어울리는 완벽한 레드 와인을 고르는 데 도움을 줄 수도 있다. 지난 2년 동안은 내가 원하는 것을 찾기 위해 고통스럽게 스크롤링하며 온라인으로만 식료품 쇼핑을 했지만, 캐시 해클을 만날 기회가 있는 3D 쇼핑은 반가운 변화가 될 것이다.

실제 상점의 3D 버전은 암호화폐 사용자에게는 그저 기본적이고 단순하게 보일 것이며 그 자체로 사람들을 끌어모으기는 힘들 것이다. 브랜드는 더 매력적이어야 하고 사람들이 함께 만들고, 변화시키고, 혜택을 누릴 수 있는 쇼핑 이상의 기회를 제공해야 한다. 훌륭한 경험은 게임처럼 느껴지고 사람들이 브랜드로 구축한 시간, 돈 또는 컬렉션의 장점을 즐길 수 있도록 한다.

린지 매키너니

전 세계 최대 양조 업체인 AB 인베브의 기술 혁신 팀 글로벌 책임자였다. 그녀는 현재 배우 겸 프로듀서인 밀라 쿠니스Mila Kunis, 배우이자 투자자인 애쉬튼 커쳐Ashton Kutcher와 함께 새로운 벤처의 공동 설립자이자 CEO며 웹 3.0과 엔터테인먼트의 교차점을 탐구한다. 린지는 또한 여러 DAO(탈중앙화 자율 조직) 내에서 개인적으로 활동하며 사람들에게 조언을 해준다.

저자의 인사이트

캐시 해클

NFT는 배고픈 소비자에게 먹이를 주는 것이 아니다. 오늘과 내일의 가치와 효용을 창출하는 것이다. 우리는 추적 가능하고 변경할 수 없는 구조로 디지털 미디어를 포장하는 기술을 가진 적이 없다. 블록체인은 이를 수행하여 NFT 제작자가 가상 및 물리적 세계에서 이러한 자산에 대해 선별된 놀라운 경험을 자유롭게 구축할 수 있도록 한다. 소비자는 아직 자신이 원하는 것이 무엇인지 정확히 알지 못할 수 있다. 괜찮다. 유틸리티를 북극성으로 사용하여 그들이 원하는지 몰랐던 새로운 것을 보여주고 당신은 완전히 새로운 시장의 운전석에 앉게 될 것이다.

더크 루스

NFT는 기업과 소비자에게 매우 유용한 도구가 될 수 있지만 디자인 핵심에는 커뮤니티 또는 페르소나가 관련되어 있어야 한다. 청중에게 NFT를 소유할 이유를 주지 않고 거품으로 NFT를 발행하면 약간의 수익을 얻을 수는 있을지 몰라도 메타버스 경제에서 장기적으로 활동할 주기를 놓치게 된다. 효과적인 디지털 제품을 위해 소비자가 원하는 것을 활용하거나 개념화 프로세스의 일부로 소비자와 함께 NFT를 설계할 수도 있다. 고객을 초기에 프로세스에 참여시켜 프로젝트를 검증해보는 것도 좋다.

토마소 디 바르톨로

어떤 문제를 해결할까? 나는 이것이 NFT 전술과 관련한 2022년 핵심 질문이 될 것이라고 생각한다. 왜일까? 혁신이 실험과 발견의 초기 상태를 거치고 나면 평상시처럼 비즈니스가 시작된다. 기업은 NFT 포트폴리오의 목적을 설계하기 위해 '유틸리티란 무엇인가?'와 같은 질문에 장기적인 관심을 기울여야 한다. NFT 가치 창출은 NFT를 적시에 적절한 장소에 배치함으로써 달성된다. 이 조합이 올바른 의미로 이어지고, 올바른 의미는 브랜드 공감으로 이어진다. 이는 NFT 상용화의 핵심 요소다.

8장

실행 계획 세우기

PUTTING TOGETHER AN ACTION PLAN

요약하자면, 우리는 메타버스와 메타버스 경제를 다뤘다. 업계 동향과 데이터를 사용하여 메타버스 경제가 고려할 만한 가치가 있다는 증거를 인식했다. 메타버스의 경제 활동 이면에 있는 사람들(누가)과 심리 분석적 사고방식(왜)을 식별하기 위해 사용자와 소비자를 면밀히 살펴보았다.

그리고 기존 웹 2.0 비즈니스 모델의 예를 들어 메타버스 전략에 대해 고려해야 할 몇 가지 사안을 제공했다. NFT 배포에 대한 우리의 범위는 디앱 파트너의 환경을 깔끔한 사분면으로 나누므로 전략을 실행하기에 적합한 장소를 찾을 수 있다.

이전 장에서 NFT는 소비자와 기업을 연결하고 수많은 메타버스 경제 활동을 자극하는 '주요 자산'이기 때문에 NFT에 대해 자세히 살펴보았다.

이 모든 개념을 프레임워크에 넣으면 완전히 새로운 것이라고 생각할지도 모르겠다. 메타버스 경제는 결국 새로운 것이기는 하다. 그러나 그 프레임워크는 놀라울 정도로 익숙하다. [그림 8.1]을 보면, 대학 교과서에서 이와 비슷한 내용을 본 적이 있을 것이다.

우리는 독자들이 명쾌하게 이해할 수 있도록 이 책 전체에서 메타버스 경제를 쉽게 설명하려 노력했다. [그림 8.1]의 프레임워크가 바로 그 노력의 결실이라고 생각한다.

우리는 메타버스 경제에서 계획을 세우는 것은 많은 기업이나 혁신가들이 결국에는 본질적으로 기존에 했던 방식대로 따라간다는 것을 발견했다. 이것은 새로운 가상 영역이지만, 잘 알려진 곳이기도

그림 8.1 메타버스 경제가 행동으로 이어지는 과정

하다.

우리가 이러한 깔때기 모양으로 정리한 데는 몇 가지 이유가 있다. 첫째, 이해하기 쉽다. 둘째, 비즈니스가 깔때기 아래로 이동하면서 일부는 없어질 것이라고 생각한다. 적절한 시기가 아니거나, 적절한 기회가 아니거나, 사용자가 대상 소비자와 일치하지 않거나, 메타버스 전체에 대한 확신이 부족한 경우 등이다. 반대도 발견 과정의 일부다. 모든 사람이 깔때기 꼭짓점까지 도달하는 것은 아니다.

메타버스 전략을 끝까지 보는 사람들에게 역피라미드는 사업에 집중하는 기업을 상징한다. 정보를 얻는 만큼 해야 할 일에 대한 그림도 더 명확해지기 때문이다. 그런 다음 학습으로 이어지며 이 주기가 반복된다.

어떤 사람들은 이 프레임워크가 혁명적이라고 하기에는 너무 기본적이지 않냐는 의문을 품기도 한다. 물론 화살표와 텍스트 상자로 만든 복잡한 흐름도도 만들 수 있지만 과연 더 나은 방법일까? 이 프레임워크는 매우 단순하며 기초 역할을 한다.

메타버스 경제는 이미 충분히 어렵기 때문에 팀에서 누군가는 손쉽게 이해할 간단하고 직접적인 가이드가 필요할 가능성이 크다. 그래서 최소한 구축을 시작할 수 있는 견고한 출발점 역할을 하도록 만들었다.

이제 어떤 단계를 밟아나가야 하는지 살펴보자.

발견

당신은 2021년 마크 저커버그Mark Zuckerberg의 메타 발표에서 처음 메타버스를 알게 되었을 수도 있다. 아니면 소셜 미디어 피드에 수백만 달러에 판매된 NFT 소식으로 처음 접했을지도 모른다.

어쨌든 메타버스는 많은 사람들과 기업들에게 채찍질을 하고 있다. 당신은 이 단계에 있을 수도 있고 아닐 수도 있지만 적어도 약간의 호기심이 있다. 메타버스라고 하는 것이 대작인지 아니면 잠깐의 유행인지 궁금할 수도, 일반적인 사람들보다는 질문이 많을 수 있다. 회의적이어도 괜찮다. 일단 조직 내 사람들이 메타버스와 NFT를 어떻게 생각하는지부터 알아볼 필요가 있다.

소셜 미디어에서 블록체인, 메타버스, DeFi 서클을 살펴보고 어떤 이야기들이 소비되는지 확인해보자.

당신이 할 수 있는 일 :

- 조직 내 다양한 의견을 듣기 위해 내부적으로 회의를 시작한다.
- 메타버스에서 이미 살고 있는 사람을 고용한다(팁 : 이런 사람은 디스코드나 레딧에 많고, 링크드인에는 별로 없다).
- 메타버스 경제에 가장 중요한 자원인 당신의 시간을 소비한다. 선점하는 사람은 제법 오랫동안 우위를 점하게 된다.
- 프로젝트에 대한 몇 가지 아이디어나 가설을 적어본다.
- 메타버스 프로젝트를 시작하기 위한 기본적인 계획을 수립한다.

학습

여기까지 따라왔다면 당신은 이미 다른 사람들보다 더 많은 지식을 갖고 있다. 우리가 메타버스 전략을 수립하는 방법에 대해 중립을 지키려고 노력했지만, 사실 수조 달러 규모의 메타버스 경제 전반을 낙관적으로 보고 있는 것도 사실이다. 그러니 우리가 하는 말을 너무 믿지는 않기를 바란다.

오히려 당신이 우리의 통찰력에 도전장을 내밀고 반대를 위한 반대를 했으면 좋겠다. 계속해서 지식을 쌓다 보면 처리할 수 있는 것보다 더 많은 정보를 찾게 될 것이다. 그럴 때는 정보 출처에 주의해야 한다. 메타버스를 가지고 '당장 구매해야 한다'거나 '전부 사기꾼이다' 라며 양극화하여 소셜 미디어 팔로워를 늘리려는 사람들도 많이 있다. 이러한 전술은 콘텐츠 게시자가 '좋아요', 공유 및 클릭을 늘리려는 수단일 뿐이다.

코인베이스는 DeFi에 대한 교육 자료를 많이 제공한다. Ethereum. org에는 블록체인, DeFi 및 NFT를 투명하게 설명한 문서가 있다. NonFungible.com은 DeFi 및 NFT 활동의 세부 사항에 대해 설명하는 분기별 보고서를 게시한다. 디크립트Decrypt, 미디엄Medium 및 포브스Forbes는 자료를 처음 접하기 좋은 플랫폼이다. 그리고 이러한 자료는 빙산의 일각일 뿐이다.

학습할 때는 다음 세 가지, 즉 비즈니스와 메타버스 산업 그리고 고객이 누구인지에 집중해야 한다.

지식을 공유하기 위해 비즈니스 관련 사람들을 모아 슬랙Slack 채널이나 디스코드Discord 서버를 시작하자. 한 발짝 나아감으로써 자신감과 추진력을 얻게 될 것이다. 메타버스에 대한 좋고 나쁜 의견을 고객의 입장에서 기꺼이 공유할 그룹을 찾자. 가장 좋은 메타버스는 어떤 형태인지 의견을 묻는다. 초기에 이러한 피드백을 받으면 아이디어를 검증하고 개선하는 데 도움이 된다. 그리고 다른 사람들도 비슷한 아이디어를 가지고 있을 수 있으니 경쟁 업체를 계속 주시하고 있어야 한다.

알려지지 않은 부분이 많다는 점을 명심하자. 예를 들어, 2021년 12월 8일 미국 의회는 규정을 논의하기 위해 DeFi 회사의 CEO를 인터뷰했다. 메타버스는 서부 개척과 다름없다. 개발자 및 규제 기관은 안전하고 즐겁고 탈중앙화되며 수익성 있는 플랫폼을 만들기 위해 협력하고 있다.

이것이 전개되면서 우리는 암호화, 메타버스 및 세계 경제의 변화를 보게 될 것이다. 우리가 할 수 있는 최선의 조언은 벽에 귀를 대고 잘 듣고 있어야 한다는 것이다.

질문을 하고, 답을 찾자. 우리는 당신이 메타버스 경제를 사랑하게 될 것이라고 믿어 의심치 않는다.

당신이 할 수 있는 일 :

- 블록체인, DeFi 및 NFT와 같은 기본 기술을 당신의 사업과 제품 포트폴리오에 어떻게 연결시킬 수 있는지 고려한다.
- 메타버스의 장단기 전망을 고려하자. 즉, 메타버스 미래의 핵심 인프라인 VR, AR, 5G를 공부한다.
- 탈중앙화 및 중앙화 메타버스 애플리케이션의 모습을 살펴본다.
- 소비자와 대화를 통해 소비자의 관심사, 원하는 것, 걱정하는 것을 알아본다.
- 프로젝트를 시작한 기업의 사례를 찾아본다. 블록체인 제공 업체 EOS는 웹사이트 eos.io에 사례 연구를 게시한다.
- 디앱 커뮤니티에 참여한다. 앱 개발자와의 소통과 인터뷰를 통해 더 깊이 접근할 수 있다.
- DeFi, NFT, 암호화폐에 대한 정부의 입장에 귀를 기울인다. 자체

적으로 위험 요소를 정의한다.

사례 구축

메타버스 경제에 참여하는 방법에는 여러 가지가 있다. 현재 기업은 대부분 제품을 NFT로 디지털화하여 메타버스 경제를 실험한다. 그러나 페이스북이 메타로 사명을 변경하고 대화형, 몰입형 메타버스에 대한 비전을 선보인 후에는 NFT를 훨씬 뛰어넘는 미래가 다가올 것이라고 전망한다. 누구도 이 길이 어디로 가는지 확실하게 말할 수 없다. 우리는 디지털 제조업체, 유통 플랫폼, 리셀러, 상인, 중개인, 서비스 제공 업체, 커뮤니티 인플루언서, 유명인 등이 포함된 완전한 경제 생태계가 생길 것이라고 예상한다.

웹 1.0 및 웹 2.0과 마찬가지로 시간이 지나면 진화할 것이다. 이를 통해 기업은 비즈니스 사례를 구축하고 경쟁 전에 기회를 잡을 수 있다. 도전이 필요한 일이지만 새로운 수익원을 개발하고 메타버스의 사용자 경험을 정의할 수 있는 많은 기회가 있다.

앞서 온라인 비즈니스 모델과 모범 사례에서 힌트를 얻어 잠재적인 메타버스 비즈니스 모델을 설명했다. 그러나 궁극적으로 메타버스는 혁신가들이 차지할 것이기 때문에 이전에는 없었던 소수의 비즈니스 모델이 등장할 것으로 기대한다.

당신이 할 수 있는 일 :

• 위험을 완화하면서 빠르게 학습으로 이어지는 실험 정신을 갖는다.

• 종이에 쓰는 것에 만족하지 않고, 물건을 직접 만들고 부수면서 가설을 검증한다.

• 팔로워를 커뮤니티 구성원으로 전환하고 팔로워들의 요구에 귀를 기울인다. 그들의 요구를 솔루션으로 만들어내는 능력을 개발한다.

• 메타버스에서 수익원, 제품 디지털화, 브랜드 인지도, 글로벌 소비자 기반 등의 기회를 식별한다.

• 예산이나 자원 할당, 고객 커뮤니케이션 등 제품 개발의 어려움을 인지한다.

• 경쟁자가 어떤 방향으로 가는지 파악하고, 메타버스를 통해 차별화할 수 있는지 살펴본다.

• 당신의 지적재산권이 메타버스 경제로 어떻게 전환될 수 있는지 개념화한다. 디지털 재산권 포트폴리오에 더 큰 가치를 부여하려면 시간이 흐르면서 생기는 이야기를 더하는 것을 추천한다.

• 블록체인의 불변성이 당신의 재산권을 보호하는 데 도움이 되는지 확인한다. 그러나 관련 자산의 '진정한 소유권'을 커뮤니티에 제공한다는 것이 어떤 의미인지 알아야 한다. NFT로 실제로 무엇을 할 수 있는지에 대한 대답을 준비해야 한다. 메타버스 디앱 안에서만 사용할 수 있는가? 아니면 로고까지 포함하면 티셔츠에

인쇄할 수 있는가?

- 메타버스 프로젝트 개념을 처음부터 끝까지 증명하도록 디지털 제품, 마케팅 활동, 예상 매출, ROI 등을 준비한다.

커뮤니티에 연결

기업이 팔로워와 직접 소통할 때, 소셜 미디어는 비로소 제 역할을 한다. 콘텐츠를 만들어내는 것은 딱 거기까지다. 우리는 기업이 메타버스에서 '지금 구매하세요'라는 배너를 표시하는 것 이상을 하기를 바란다. 커뮤니티는 메타버스 경제의 핵심이다. 그리고 사용자는 1차 및 2차 시장의 심장이다. 디앱이 어디로 가는지 결정하는 것은 사람들과 그들의 행동, 암호화폐 및 달러다.

디앱 환경은 모든 종류의 취미와 희망사항을 포함할 만큼 광범위하다. 메타버스는 같은 생각을 가진 커뮤니티의 융합이 될 것이다. 회사에 적합한 커뮤니티를 찾는 것이 곧 보물을 찾는 열쇠가 된다.

이들은 역동적이고 참여 중심의 시스템이며 NFT 수집의 참신함이 정상화되면서 더욱 그렇게 될 것이다. 사용자를 소비자로만 생각한다면 메타버스의 진정한 잠재력에 미치지 못한다. 사용자를 메타버스의 궁극적인 중개인이자 파트너로 여겨야 한다. 사용자가 판매자, 비즈니스 소유자, 투자자, 리셀러가 될 수 있는 커뮤니티 상거래를 활용한다면 사람들이 마케팅, 영업 팀의 비공식 직원이 되는 셈이다. 그렇게 하면 노출이 증가하고 신뢰도가 높아지며, 게임화 및 상호 작용이 추가될 수 있다.

NFT를 개발하는 사람들의 경우 네 개의 상업화 사분면을 살펴보고 최고의 커뮤니티를 찾기를 추천한다. 그리고 커뮤니티가 기존 대상 고객과 다르게 보이거나 행동한다고 해서 무시하면 안 된다. 메타버스는 누구에게나 새롭다. 상자 밖에서 생각하고 완전히 새로운 인구 통계와 연결할 수 있는 완벽한 기회일 수 있다.

당신이 할 수 있는 일 :

- 대상으로 하는 거래 및 게임화의 성격을 기반으로 메타버스 계획을 디앱 환경에 맞게 조정한다. 현실 세계에서 이미 하고 있는 일로 무언가 시작할 때 도움이 되는 방법이다. 예를 들어 미술관을 후원한다면, 당신의 NFT를 만드는 데 유명한 아티스트와 함께 작업하고 싶을 것이다.

- 디앱 개발자와 협력하여 사람들이 반응할 올바른 경험을 찾는다. 게임화된 경험이나 아바타용 아이템, 수집품 등을 말한다.

- 메타버스에서 '당신의 사람들'을 찾는다. 앱 개발자와 사용자에 관한 이야기를 나눌 수도 있지만, 디스코드나 레딧, 텔레그램Telegram 등 커뮤니티 채널을 확인하거나 기존 고객과 직접 대화하여 메타버스의 어떤 부분에 관심이 있는지 알아본다.

- 확실히 활용 가능한 인원이 없다면 마케팅 전략을 활용해 당신이 속한 소셜 미디어나 오프라인 채널의 사람들을 메타버스로 끌어

들인다. 그들에게 새로운 몰입형 경험을 소개하는 것이다.

- 제품을 판매하는 것 외에도 커뮤니티에서 적극적으로 활동한다. 당신의 제품을 통해 직접 경험을 제공할 수 있다.

- 교육하라. 메타버스는 대부분의 고객에게 새로우며 그들은 정보에 목말라 있다. 소셜 미디어에서 15초짜리 영상을 만드는 대신 2분짜리 인포테인먼트 작업을 한다. 사람들을 연결하고 이끌 수 있는 수단으로 교육을 활용하면 좋은 성과를 낼 수 있다.

- 새로운 사람들과 실험을 해본다. 데이터에 따르면 사람들은 새로운 브랜드를 시도해보고 싶어 한다. 이전에는 접근하지 못했던 고객이 얼마나 쉽게 당신에게 기회를 제공하는지 보면 놀랄 정도다.

메타버스에 지식재산권 가져오기

적합한 커뮤니티를 찾으면, 제품이나 서비스에 유틸리티를 제공하는 경험을 구축하는 것이 좋다. 제품을 디지털화한 NFT를 출시해 판매하는 것도 좋은 방법이다. 메타버스 경제를 사용하여 기존 지식재산권을 강화하거나 완전히 새로운 포트폴리오를 만들어 인기를 얻을 수도 있다.

자산의 목적이 수집하는 것 이상이 되면 소비자에게 기하급수적인 가치가 생긴다. 이 유틸리티를 만들면 구매 결정에 '이유'가 포함된다.

또한 자산을 발행할 때 희소성의 중요성을 명심해야 한다. 디지털 제품의 발행 수량을 제한하면 '오늘의 메뉴' 디지털 아트보다 훨씬 더 오랫동안 마음에 남을 수 있다. 그리고 수요를 자극하기 위한 방법을 고민해야 한다. 인기 있는 NFT도 보너스를 제공한다. 예를 들어, 지루한 원숭이 요트 클럽은 지루한 원숭이 소유자만 사용할 수 있는 디스코드 채널이다. 이 단순한 유틸리티 계층은 독점성으로 인한 수요를 생성한다.

디지털 자산에 유틸리티를 구축하려면 게임화, 맥락화 및 지리적 위치에 집중해야 한다.

- 게임화는 NFT를 둘러싼 활동과 이야기를 포함한다.
- 맥락화는 커뮤니티와 생태계에서 NFT를 기반으로 하는 것의 중요성을 강조한다. 자산은 혼합되고 가치가 추가된다.
- 지리적 위치는 NFT 및 메타버스 프로젝트의 구성 요소는 생태계나 어떤 위치가 성공할 수 있는지 평가해야 한다는 것을 의미한다.

메타버스를 인터넷의 진화라고 하는 데는 이유가 있다. 바로 당신의 다음 채널이 될 준비가 되었기 때문이다. 메타버스가 VR과 AR을 통한 3D 환경으로 변화하면서 지식재산권이 어떻게 진화할 수 있는지 고려해야 한다.

당신의 제품은 디앱 안에서 걷고, 말하고, 물건을 가지고 다니는 사람에게 가치를 부여할 수 있는가? 우리는 비교적 직관적인 프로그램을 주제로 이야기를 하고 있지만, 꼭 제품을 디앱으로 한정할 필요는 없다. 메타버스가 디앱 내에서 구매를 완료하는 택배 배송 요소가 있는 전자상거래의 확장 버전이 되는 경우를 쉽게 볼 수 있다. 그리고 우리는 이미 NFT가 티켓이나 쿠폰, AR 경험의 일부로 실생활에서 사용되는 것을 본다.

당신이 할 수 있는 일 :

- 기존의 제품 포트폴리오가 메타버스 경제로 어떻게 전환될 수 있는지 정리한다.
- 이야기의 서사를 만들어 지식재산권으로 발전시킨다. 텅 빈 NFT도 팔릴 수는 있겠지만, 평생 가치는 사람들이 몇 달 동안 매달리는 자산만큼 흥미롭지 않을지도 모른다.
- 모든 자산에 유틸리티를 설계한다. 소비자가 당신의 제품으로 무엇을 할 수 있는가? 상호 작용이 고객 유지나 기타 상업적 기회에 어떻게 영향을 미치는가?
- 자산 설계, 발행 및 수익 창출에 도움을 줄 수 있는 앱 개발자, 대행사 및 기타 파트너를 찾는다.

내일을 위한 준비

지금쯤이면 당신도 깨달음을 얻어 조직 내 동의를 얻고 프로젝트를 진행하고 싶을지도 모르겠다. 일단은 작게 시작해 보기를 바란다. 첫 발걸음을 뗀다는 의미로 간단한 NFT 몇 개를 발행해보는 정도다. 이를 통해 메타버스에서 구축하는 방법을 배우고, 파트너를 평가하고, 이상적인 커뮤니티를 파악하고, 더 강력하게 홍보할 준비를 한다. 그러면 이제 하지 못할 일은 없다.

메타버스는 진화에 관한 것이다. 소셜 미디어와 인터넷에서 시작되었으며 어디로 가는지는 누구나 생각하기 나름이다. 우리는 VR, AR, 메타버스가 비즈니스, 엔터테인먼트, 소비주의, 교육, 문화의 방향을 바꾸는 지점으로 다가오고 있다고 느낀다. 그러나 여기에는 시간이 걸리기 때문에 기업이 이러한 변화에 대비할 시간도 약간은 주어진다.

브랜드와 제품을 발전시키는 방법을 고민해보자. 기술을 선도하는 팀을 육성하고 이러한 도전에 대비할 수 있는 인재를 확보하자. 한발 앞서 나갈 수 있는 파트너 네트워크를 구축하는 것도 중요하다. 메타버스 경제는 엔터테인먼트, 소셜 미디어, 쇼핑의 미래가 될 것이기 때문에 시작은 작게, 계획은 크게 하자.

당신이 할 수 있는 일 :
- 초기 가설 검증을 위한 파일럿을 시작한다.

- 학습한다. 무엇이 통했고 무엇이 통하지 않았는가? 당신의 파트너는 도움이 되는가? 초기에 커뮤니티의 반응은 어떤가?
- 발견과 학습, 발행을 반복한다.
- 다음 깨달음의 순간으로 이동한다.

저자의 인사이트

캐시 해클

앞서 설명한 우리의 실행 계획 깔때기가 반복되도록 설계되었다. 오늘날 메타버스 경제의 가장 큰 장점 중 하나는 기업이 간단한 NFT 프로젝트로도 성공할 수 있다는 것이다. 지금 시장에서 배울 수 있는 것은 배우고, 이러한 학습을 사용하면 향후 몇 년 동안은 경쟁에서 우위를 점할 수 있다. 휴대전화에서 웨어러블로 이동하며 새로운 하드웨어에 대중이 더 쉽게 접근할 수 있게 되면 이제 증강현실이 다음 주제가 될 것이다. 그 이후에는 매장과 행사장에서 웨어러블을 착용한 소비자를 보게 된다. 오늘날 정적 NFT도 물론 훌륭하지만 실제로는 시작에 불과하다. 브랜드가 유행을 타지 않도록 장기적인 비전을 가지고 전략을 세우는 게 좋다.

더크 루스

메타버스에 진입하는 프로세스를 개발하고 싶다면, 메타버스에 있는 사람들과 인터뷰를 하고 커뮤니티에서 오가는 이야기를 들으며 그들의 생각을 이해하자. 그런 다음 몇 가지 가설을 세우고 참여하려는 메타버스 커뮤니티나 사람들과 함께 테스트한다. 가설을 검증한 후 상대적으로 적은 투자와 자원으로 프로토타입을 구축하자. 서로 다른 메타버스 디앱을 A/B 테스트로 비교해보고 어느 쪽이 우리 상황에서 더 나은 성능을 보이는지 확인한다. 프로토타입이 학습을 제공하면 더 강력한 파일럿 프로그램을 볼 수 있다.

그 후에는 메타버스 경제에서 충분히 편안함을 느낄 만큼 포트폴리오를 개발한다. 고맙게도 이 모델은 기업이 새로운 영역을 테스트할 때 역사의 과정에서 본 것을 따른다. 다른 시장으로 옮겨가거나, 다른 제품을 탐색하면서 얻은 교훈을 적용하여 팀과 기존 고객에게 친숙한 메타버스 경제 프로젝트를 만들자. 이 모든 지식을 바탕으로 당신의 지식재산권이 새로운 잠재고객에게 도달하고 디지털 상거래를 성장시킬 수 있다.

토마소 디 바르톨로

기업은 메타버스를 통해 브랜드를 확장한다고 생각하는 것이 가장 좋다. 이것은 시작과 끝이 있는 웹 2.0의 마케팅 캠페인과 다르다. 소비자, 기업, 개발자 및 디자이너인 우리가 공동 가치 창출이라는 의미를 만들기 위해 협업하는 도구를 제공하는 새로운 비즈니스 차원이다. 그 가치는 물리적 세계와 디지털 세계에 걸쳐 형성되며 영원히 추적 가능하다. 영원한 감동에 온 것을 환영한다.

9장

내일의 메타버스를
바라보는 관점

PERSPECTIVES ON
TOMORROW'S
METAVERSE

이제 당신은 메타버스에 대해 누구보다 더 많이 알고 있고, 메타버스 경제를 시작할 수 있는 도구를 갖게 되었다. 그러나 이 바닥은 빠르게 진행되기 때문에 축배를 들고 앉아있을 시간이 없다. 경제는 살아나고, 사용자는 매일 성장한다. 그리고 매일 새로운 텔레비전 진행자가 메타버스나 NFT를 언급한다. 인터넷의 다음 단계인 소셜 미디어의 진화와 전자상거래 잠재력을 완전히 실현하는 데 참여하게 되어 매우 영광이다. 그러나 미래는 누구나 예상할 수 있다. 우리는 이것이 매우 빠르면서도 흥미로운 진화가 될 것이라고 생각한다. 웹 1.0 및 웹 2.0의 트렌드와 업계에 대해 알고 있는 정보를 바탕으로 수정 구슬을 깨고 있다. 발전해 나가는 메타버스 경제에서 앞서 나가기 위해서는 이러한 핵심 개념을 숙지해야 한다.

커뮤니티 동반 성장

우리는 책 전반에 걸쳐 커뮤니티의 중요성을 언급했으며 메타버스 내부의 사람들은 시간이 지남에 따라 더 많은 영향력과 명성을 얻게 될 것이라 말했다. 사람들이 구매하지 않았다면 블록체인이나 암호화폐가 잘 되기나 했을까? 그들의 달러를 통해서든, 그들의 돈과 행동을 통해서든, 메타버스를 작동시키는 것은 바로 사람이다. 디앱에서 부상하는 문화와 커뮤니티는 메타버스 경제가 향하는 방향에 가장 큰 공을 세웠다고 인정받을 자격이 있다. 사람들을 팔로우하면 필요한 만큼 시장에 대한 통찰력을 얻을 수 있을 것이다.

그러나 커뮤니티는 어디로 향하고 있는가? 글로벌 사용자 기반에 다양성이 있는 한, 개발자는 실리콘 밸리나 서부 기술 회사에서 많이 등장한다. 우리는 유럽, 아프리카, 아시아, 중동 및 라틴 아메리카 등 전 세계적 영향이 미래의 메타버스 느낌을 변화시킬 거라고 믿는다.

글로벌 메타버스가 취하는 다른 맥락을 보기 위해 메타로 브랜드를 변경한 페이스북의 결정을 살펴보자. 히브리어로 '메타'라는 단어는 '죽음'을 의미한다. 죽음을 판정하는 기준은 없지만 기업은 메타버스를 세계 경제 그리고 그에 따른 모든 문화적 영향의 일부라고 생각해야 한다.

웹 3.0에서 VR로 인해 가능해진 몰입 경험과 경계 없는 상호 작용은 결국 일종의 문화적 용광로를 가져올 수 있다. 이민자들이 차이나타운에서 리틀 이탈리아에 이르기까지 뉴욕시의 지역을 형성한 것처럼 글로벌 앱 개발자가 메타버스를 그리는 데 사용할 은유적 색상은 메타버스의 모양, 느낌 및 문화를 바꿀 것이다. 하지만 메타버스 문화가 현실 세계에 녹아들 것이기 때문에 그 영향은 더 클 것이라고 생각한다. 사람들이 더 많은 재정적 투자를 하거나 엔터테인먼트를 위해 메타버스로 향하면서 디지털 정체성과 우리의 육체적 자아는 하나의 정체성이 될 것이다.

메타버스가 성숙해지면 모두를 위한 무언가가 있을 것이다. 자동차? 해당 커뮤니티로 이동하기 위해 사용할 것이다. 연극이나 영화를 즐기려면? 이를 위한 디앱이 있다. 새로운 비건 요리를 찾고 있다면?

이를 위한 커뮤니티도 있다. 우리는 메타버스에 대해 긍정적인 전망을 가지고 있지만 인터넷과 소셜 미디어가 어떻게 좋은 점, 나쁜 점, 이상한 점을 끌어내는지 보았다. 커뮤니티, 개발자 및 비즈니스는 모두 함께 협력하여 긍정적이고 권한을 부여하는 메타버스를 만들어야 한다. 고맙게도 웹 1.0과 웹 2.0은 이러한 디지털 환경에서 경제와 사회를 긍정적이고 힘 있게 만들기 위해 20년 이상의 경험을 제공했다.

완벽할까? 그렇지 않다. 인터넷 트롤을 위한 디앱 커뮤니티가 있는지 누가 알겠는가. 말하자면 메타버스는 행동과 경제를 지배하는 방법을 개발해야 한다. 개발자와 사용자 기반 DAO는 평화를 유지하기 위해 협력해야 한다. 이 문제는 소셜 미디어 회사가 언론의 자유를 파악하거나 온라인 비디오 게임이 사이버 괴롭힘을 억제해야 하는 방법과 유사하다.

기업이 긍정적인 커뮤니티 참여와 상거래를 육성하고 싶다면, 커뮤니티의 말에 귀를 기울이는 것이 중요하다. 그들은 당신의 NFT를 낚아채고 그들이 좋아하는 세계에서 디자인한 선별된 경험에 뛰어드는 사람들이다. 기업은 DAO와 협력하여 플레이어와 직접 대화할 수 있다. 메타버스에서 기업과 소비자의 거리는 그 어느 때보다 얇아졌다. 더 강력한 전략을 수립하고 모든 배경, 문화, 선호도 및 소득 수준에 대해 가능한 최고의 경험을 만들기 위한 리소스로 이를 활용하는 방법을 찾는 것은 하나의 과정이 될 것이다. 이 책 전체에서 말했듯이 연결 상태를 유지하고 커뮤니티 관리를 메타버스 경험에 구축해야 한다.

기술 삼각편대

웹 3.0 기술은 메타버스를 위한 준비가 되었지만 완벽하지는 않다. 기업은 메타버스 프로젝트를 매핑하여 사람들이 메타버스에 들어가는 방법과 메타버스에서 얻는 경험을 변화시킬 기술 로드맵과 일치시켜야 한다. 휴대전화는 항상 편리한 진입점이지만 사용자 경험 측면에서 가장 역동적이지는 않다. VR은 사람들이 아바타의 입장이 되어 디지털 정체성을 완전히 실현할 수 있는 몰입형 방법이 될 것이다. 이것은 사람들이 메타버스에서 더 많은 시간을 보내고 단순히 메타버스 내부에서 물건을 수집하는 대신에 노동을 하는 쪽으로 이어질 수 있다.

가장 큰 지식재산권과 아이디어로 VR이 무엇을 할 수 있는지 상상해보자. 유명인은 완전한 대화형 경험을 위해 자신의 아바타를 만들 수 있다. 마이클 조던과 함께 끝말잇기를 할 수 있을지도 모른다. 아델과 듀엣을 해볼 수도 있다. 에베레스트산을 등반할 수도 있다. 몰입형 기술 덕분에 온라인 쇼핑과 같은 작은 경험도 크게 성장할 것이다.

사람들이 웨어러블 기술을 통해 현실 세계 '위에서' 메타버스를 볼 수 있는 AR이 있다. 이것은 슈퍼마켓이나 영화관에 가서 쇼핑하거나 시청하는 것뿐만 아니라 놀고 상호 작용하는 완전히 새로운 차원으로 발전시킬 수 있다. 다시 말해 아주 작은 활동이라도 AR의 이점을 얻을 수 있다. 세제 회사가 세탁을 게임화하면 안 되는 이유가 있을까? 그리고 세제 회사가 보상으로 토큰을 제공하는 경우 유지 메커니즘으로 게임화를 사용하는 좋은 방법이 된다.

메타버스 전략을 발전시킬 때는 기술 발전, 사용자 채택 추세 및 비즈니스 애플리케이션으로 구성된 '기술 3중 요소'를 주시해야 한다.

1. 발전에 뒤처지지 않는다.
2. 사용자가 무엇을 채택하는지 관찰한다.
3. 사용자 채택 추세에 맞춰 애플리케이션을 구성한다.

VR이나 AR을 안다면 이제 정말 공상 과학에 빠져들 시간이다. 웨어러블은 종착점이 아니기 때문이다. 지금 실리콘 밸리에서는 임플란트 기술이 개발되고 있다. 이 바이오칩은 다양한 방식으로 인간을 향상시킬 수 있다. 예를 들어 인간이 AI와 로봇을 따라잡기 위해서는 이러한 '업그레이드'가 필요하다고 생각하는 사람들도 있다. 임플란트가 메타버스에 어떤 영향을 미칠지는 아직 알 수 없다. 최소한 VR과 AR, 더 나아가서 사람들이 하드웨어를 들고 다니지 않고도 디지털 세계에서 아바타, NFT, 별장에 접근할 수 있도록 만들 것이다. 아마도 사람들은 영화 〈매트릭스〉처럼 메타버스에 '접속'할 수 있을 것이다.

이러한 발전은 다음과 같은 질문을 던진다. 사람들이 기술에 24시간 '연결'되어 있을 준비가 되었을까? 물론, 모든 사람은 부정적인 콘텐츠를 조금씩은 소비하는 죄를 범하고 있지만, 어떤 지점에서 위험하다고 해야 할까? 사실 이것은 여기에서 대답할 수 있는 질문은 아니지만, 머지않은 미래에 기술 회사는 이러한 도덕적, 윤리적 질문에 직면하게 될 것이다. 지금은 메타버스 기술의 정점이 아닌 기술에 대한 맛보기 정도만 제공할 뿐이다.

기술은 먼 길을 달려왔다. 앞서 설명한 개념 중 일부는 급진적이다. 그러나 언젠가는 표준이 될 것이다. 얼마 전까지만 해도 사람들은 팩맨Pac-Man에 정신을 못 차렸다. 우리는 짧은 시간에 먼 길을 왔으며 기업은 이러한 보다 역동적인 경험을 위해 계획을 세워야 한다. 결국 우리는 웹 3.0 기술과 그 너머를 향해 걸음을 내딛을 때마다 경험이 더 풍부해지고 기업은 소비자에게 더 가까이 다가갈 수 있다.

경험이 왕이다

구 페이스북, 현 메타는 이미 오큘러스Oculus에 올라가는 가상현실 플랫폼을 개발하는 데 거의 10년을 보냈다. 포켓몬 고를 개발한 나이앤틱Niantic은 2021년 11월 설립자 존 행키John Hanke의 비전을 달성하는 프로젝트에 3억 달러를 모금했다. 그의 비전은 기술이 물리적 공간과 커뮤니티에서의 존재감도 향상시키는 '현실 세계 메타버스'였다. 한편, 로블록스에는 나이키랜드NIKELAND가 있다. 마인크래프트에는 디즈니 월드가 있다. 업랜드에는 NFL 선수 협회가 있다. 이 모든 대기업의 공통점은 NFT만 바라보는 것이 아니라 기술과 브랜드를 통해 경험을 개발하고 있다는 것이다.

책의 시작 부분에서 우리는 메타버스 경험의 진화를 언급했다. NFT가 중요해지면서 시작된 것이다. 이제는 NFT 이야기와 돈이 떠

다니고 있기 때문에 NFT가 아직 주류가 되지 않았다는 주장은 믿기 어렵다. NFT가 헤드라인을 장식하는 동안 메타버스를 다음 단계로 끌어올리는 기술은 점점 더 좋아지고 있다. 셀룰러 네트워크는 5G 그리드를 계속 개발한다. 블록체인 플랫폼은 속도, 대역폭 및 지속 가능성을 높이기 위해 데이터를 더 잘 관리하는 방법을 모색한다. 그리고 VR과 AR이 10년 전에 어땠는지 생각해보고, 10년 후에는 무엇이 등장할지 상상해보자.

[그림 9.1]은 NFT, VR 및 AR과 같은 각 구성 요소가 메타버스 환경에 고유한 기능을 제공하면서 서로를 보완하는 일종의 사용자 상호 작용 레이어를 보여준다. 앞으로 몇 년 동안 우리는 메타버스를 걷는

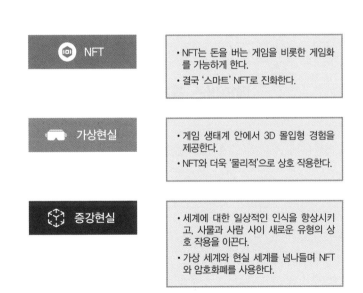

그림 9.1 메타버스의 주요 연결 지점

것을 더 즐겁고 몰입적이고 저렴하게 만드는 웨어러블 기술의 도약을 보게 될 것이다. 그리고 메타버스 경제가 성숙해짐에 따라 가상 쇼핑은 현실과 병행하여 존재할 것이다. 그렇게 되면 메타버스를 현실과 구분하지도 못할 가능성이 높다. 마치 휴대전화 없이는 살 수 없는 것처럼 말이다. 기술이 우리에게 향상된 경험, 더 많은 환경과의 상호 작용, 커뮤니티와의 더 많은 연결 및 더 많은 보상을 제공한다면 온라인 및 오프라인 현실이 새로운 것과 혼합되지 않는 이유는 무엇일까?

멀게만 느껴질 수도 있지만 조직이 고양이만큼 민첩하지 않은 이상 지금 당장 이를 고민해야 한다. 오늘 당신이 깨달음을 얻는 순간이 결국 메타버스가 진화함에 따라 비즈니스가 완벽한 위치를 찾아가게 하는 혁신의 나비 효과를 일으킬 것이다.

메타버스 경제 활용

사람, 커뮤니티, 기술 및 경험이 어떻게 진화하는지에 따라 미래의 메타버스가 만들어진다. 우리는 메타버스 골드러시Gold Rush의 한가운데에 있다. 오늘날 메타버스 경제의 많은 부분이 NFT를 통해 흘러간다. 우리는 이러한 디지털 자산이 항상 큰 역할을 할 것이라고 생각하지만, 어느 시점이 되면 NFT가 더 이상 헤드라인을 장식하지 않을 것이다. 오늘날 유명 NFT 아트를 소유하는 것은 일종의 유행이다. 가까운 미래, 예를 들어 2023년에는 NFT가 구글 검색어 순위에 밀릴지도 모르지만, 유틸리티를 통해 영원한 집을 찾을 것이라 믿는다. 이런 식으로 NFT는 사람들이 아마존이나 알리바바에서 구매하는 많은 소비재처럼 정상화될 것이다. 따라서 기업이 디지털 자산에 유틸리티를 구축하는 것이 중요하다. 사람들은 NFT로 어떤 게임을 할 수 있는가? 어떤 콘텐츠에 접근할 수 있는가? 그리고 그들은 어떤 문을 여는가?

　　NFT의 인기가 떨어지면 무엇이 대체할 수 있을까? NFT를 소유하고 이러한 자산을 소비자의 온라인 정체성에 연결하는 것이 보편화되면서 통화의 흐름을 바꿀 상호 운용성에 대한 수요가 증가하는 것을 보게 될 것이다. 오늘날 탈중앙화된 메타버스의 많은 부분이 폐쇄형 디앱으로 구성되어 있다. 그러나 이는 사람들이 원하는 방향이 아니기 때문에 곧 바뀔 것이다. 디지털 아바타를 내 마음대로 만드는 데 수백 수천 달러를 지출하고 그 디앱 외부에서는 해당 아바타를 사용할 수 없다면 누가 좋아하겠는가? 블록체인의 상호 운용성은 이를 가능하게 하며, 우리는 이것이 디앱 차별화 요소가 될 것이라 생각하지만, 메타버스가 발전하면서 몇 년 안에는 중요한 요소가 될 것이다.

스마트 NFT

인공지능이 메타버스에서 큰 역할을 하지만 '스마트' NFT에 내장 AI가 있다는 의미는 아니다. 일반적으로 NFT는 파일 크기가 제한되어 있어 그 안에 넣을 수 있는 항목이 제한된다. 그러나 블록체인 기술이 발전하거나 코드 압축 성능이 개선되면 달라질 수 있다. 어쨌든 코드에서 처리되기 때문에 메타버스에서 상호 운용성이 중요한 만큼 더 스마트한 NFT가 필요하다.

우리는 스마트 NFT가 맥락 기반 유틸리티를 가질 것이라고 상상한다. 맥락이란 특정 시간, 장소 또는 애플리케이션일 수도 있다. 예를 들어, 아바타에서 신발로 사용되는 NFT는 가상 쇼에서 하이힐로 표시되지만 사용자가 축제 후 모험을 위해 친구들과 중세 게임으로 향할 때는 갑옷으로 표시될 수 있다. 같은 중세 게임에서 머스탱 마운트가 레이싱 게임에서 포드 머스탱Ford Mustang으로 변할 수 있다.

이것은 간단한 예지만, 우리는 기업이 지식재산권의 '일반적인' 모양과 느낌을 넘어 사람들이 메타버스에서 이를 어떻게 사용할 수 있는지 고민했으면 한다. 어떤 사람들은 자신의 지식재산권을 보호하기 위해 예민해진다. 충분히 그럴 수 있다. 그러나 메타버스에서 사업을 유지하려면 대상 고객이 무엇을 원하는지 귀 기울이고 그에 대한 올바른 경험을 구축하는 것이 중요하다.

메타버스의 범위는 넓지만 이전에 존재했던 어떤 기술보다 지구의 축소 버전에 가깝다. 인터넷이 정보 접근성의 수문을 열었다면, 문화적 가능성은 사람들이 전 세계의 진정한 디지털 콘텐츠와 상호 작용하고 소유할 수 있을 때 비로소 나타난다. 선진국과 개발도상국의 플레이어가 좋아하는 가상 세계에서 게임하고 대화하는 경우 수익을 위한 게임 경제가 어떻게 될지 상상해보자.

우리는 NFT를 가지고 메타버스를 가로질러 이동하는 사람들을 이야기했지만 사람들이 메타버스에 가져오는 문화적 영향은 어떨까? 아프리카 원주민 예술가가 만든 가면 장식의 디지털 버전이 크립토펑크와 지루한 원숭이 바로 옆에 있는 NFT 시장을 상상해보자. 진정한 글로벌 사용자 기반으로 채워진 생태계에서 다양한 게임 메커니즘과 소비자 트렌드를 고려한다. 또한 디지털 제품이 진정한 글로벌 잠재 고객과 어떻게 일치하는지도 중요하다. 대만의 쇼핑객은 버튼을 눌러 덴버에 있는 가상 매장을 방문할 수 있다. 그 기회를 활용할 준비가 되었는가?

그 결과는 디앱마다 모두 다를 것이다. 업랜드와 같이 실제 세계 지도를 사용하는 디앱에서 기업은 글로벌 부동산이 어때야 하는지 고려해야 한다. 당신의 메타버스 전략에 적합한 장소는 어디인가? 홍콩Hong Kong이나 맨해튼Manhattan이 주요 부동산이 되는가, 아니면 새로운 장소가 부상할 것인가? 모든 메타버스 여행자에게 멋지고 다양한 경험을 제공해야 한다고 말하는 것이 아니다. 현실 세계와의 연계에 대해 이야기하는 것이다. 메타버스가 실제로 우리가 물리적으로 살고 있는 세계와 평행하게 존재하더라도 완전히 새로운 규율이 적용된다.

- 메타버스에서 사용하는 디지털 아이템의 가상 매장
- 현실 세계에 대응되는 가상 상점
- 물리적 이벤트 홍보를 위한 마케팅 채널
- 실생활에 유용한 NFT 유통 채널

애플리케이션은 계속 생겨난다. 메타버스에서는 디지털 아트를 판매할 뿐 아니라 전자상거래, 소셜 미디어, 웹에서 찾아볼 수 있는 만큼 수많은 비즈니스가 존재한다.

마지막으로 언급하고 싶은 것은 비즈니스 유형이다. 이 책의 앞부분에서 우리는 메타버스 경제에서 고유한 애플리케이션을 가질 수 있는 몇 가지 웹 비즈니스 모델을 다뤘다.

오늘날 메타버스는 복잡하다. 하지만 지금은 개척자만 바라보고 있다. 몇 년 안에 디앱 생태계는 웹만큼 복잡해질 것이다. 모든 사람들은 수조 달러 규모의 글로벌 메타버스 시장에서 활동하고 싶어 할 것이다. 이렇게 되면 기업과 사람을 연결하기 위해 서비스 기업과 중개인이 필요하게 된다. 인플루언서와 얼리 어답터는 고객과 소통할 수 있다는 이점이 있다. 메타버스는 2D 소셜 미디어 플랫폼처럼 보이겠지만 사실은 3D 대화형 세계다.

메타버스의 미래 기술과 교육, 경제 전망

이 책은 소비자 동향, 비즈니스 모델 선택, NFT 설계 또는 기타 관련 영역과 관련한 비즈니스에 집중했다. 그러나 책을 덮으면서 메타버스와 메타버스 경제가 세상을 어떻게 변화시키고 있는지 더 넓은 시각으로 바라볼 수 있다면 좋지 않을까? 우리는 이러한 관점을 다루기 위해 다른 목소리를 들어보았다. UC 버클리의 앨런 양Allen Yang 박사에게 메타버스, 탈중앙화 금융, 기술, 학계에 대한 생각을 공유해 달라고 요청했다.

Q. 현재 메타버스 및 블록체인 관련 기술에 대한 배경과 개요를 간단히 설명해주실 수 있을까요?

A. 저는 원래 컴퓨터 비전을 공부했습니다. 3D 모양이나 동작에서 맥락적 의미를 추론하고 이해하는 컴퓨터 알고리즘이죠. 인간의 인식은 매우 강력합니다. 2006년 박사 학위를 받고 졸업했을 때, 연구 자체는 재미있었지만 당시의 알고리즘은 별로 강력하지 않았습니다. 그러나 2010년 이후 인간 사회를 가장 크게 변화시키는 애플리케이션으로 언급되는 것이 자율주행과 AR, VR이죠. 자율주행 자동차, VR 고글, 휴대전화를 통한 AR 등 여러 애플리케이션에서 컴퓨터 비전이 사용되고 있습니다. 2010년부터 우리는 컴퓨터 비전 알고리

269

즘이 발전하는 것을 보고 있습니다.

Q. 메타버스 관점에서 설명해 주신다면요?

A. 메타버스에 대해 이야기하기 전에 인프라, 즉 하드웨어의 인프라에 대해 이야기해야 합니다. 예를 들어, '그 앱이 마침 있습니다'라는 유명한 문구를 아는 사람이 많을 것입니다. 하지만 이 앱을 사용하려면 일단 아이폰이 있어야 합니다. 아이팟iPod만 가지고 있으면 앱에 접근할 수 없습니다. 왜냐하면 이들은 서로 고립되어 있고 파편화되어 있기 때문입니다. 모바일 컴퓨팅의 놀라운 점은 바로 서로 연결된 생태계를 만들었다는 것입니다. 이것이 전제 조건입니다. 메타버스의 경우 이 임계에 다다랐거나, 이제 막 임계를 넘고 있을지도 모르겠습니다. 모바일 컴퓨팅에 비유한다면, 앱을 하나만 만들어도 수백만 명의 사람들에게 연결할 수 있는 아이폰 인프라와 거의 동일한 지점까지 와있다고 생각합니다. 물론 지금 당장은 그렇게 할 수 없습니다. 모든 것이 사일로에 격리되어 있기 때문입니다. 아이폰과 마찬가지로 UC 버클리에서는 AR/VR이 메타버스를 위한 하드웨어 놀이라고 생각합니다.

하드웨어 외에도 재정적 인센티브가 있습니다. AR/VR 작업을 하고 있다면 DeFi에 관심을 가져야 합니다. 이 두 가지가 함께 모이면 시너지 효과를 일으킵니다. 이제 글로벌 금융 인센티브에 대해 이야기하고 거버넌스에 대해 이야기해야 합니다. 또한 서로 다른 메타버스의 상호 운용성에 대해 이야기하고 서로 다른 우주가 함께 잘 작동하는지 확인해야 합니다.

Q. 단일 메타버스 인프라는 중앙 집중식 메타버스를 선호할까요, 아니면 개방된 탈중앙화 메타버스를 선호할까요?

A. 글쎄요. 저는 두 가지 측면을 봅니다. 어떤 사람들은 중앙 집중식으로 구매하고 다른 사람들은 탈중앙화 방식으로 구매합니다. 아직은 알 수 없지만 저는 지수적 성장 경제를 믿습니다. 이들은 전통적인 선형 성장 경제를 파괴할 것입니다. 예를 들어 미래에 자율주행 자동차가 있다면 로봇 택시가 등장하겠지요. 그러면 사람이 운전하는 택시는 없어질 것입니다. 기술이 등장하는 순간, 엔진이 말을 밀어냈듯이 전통적인 경제를 몰아낼 것입니다. 저는 탈중앙화 금융과 디앱이 이러한 잠재력이 있다고 생각합니다. 셀시어스Celsius와 같은 DeFi 뱅킹을 보면, 사람들은 고정 이자율로 연 10%를 받을 수 있습니다. 전통적인 은행에서는 0.1% 정도입니다. 똑같이 안전하다면 모두 DeFi로 넘어갈 것입니다. 이런 상황에서 중앙 집중식 은행이 어떻게 살아남을 수 있을까요? 지켜야 할 규정이나 준수 사항이 있으니 중앙 집중식 금융은 정해진 역할을 하겠지요. 이런 식으로 하이브리드 모델이 탄생합니다.

저는 지금 메타버스가 상호 운용성 문제를 해결하고 있다고 생각합니다. 이것은 중요합니다. 메타 같은 회사가 만든 단일 우주가 아닙니다. 진정한 메타버스입니다. 단일 브라우저를 통해 다른 웹사이트로 이동할 수 있는 웹 브라우저와 같은 상호 운용성을 생각해 봅시다. 지금 우리는 메타버스에서 1990년대 초기 브라우저인 넷스케이프Netscape에 해당하는 것을 보고 있는 셈입니다. 메타버스의 중요성을 과소평가하려는 것은 아닙니다. 실제로 상당한 발전이 있기도 했지요. 하지만 우리는 여전히 매우 초기 단계에 있으며 사람들은 블록체인 개발로 돈을 벌고 있고 미래는 이보다 훨씬 더 밝습니다.

Q. 사용자 채택은 어떤 형태일까요?

A. 아이폰 이야기로 돌아가 보면, 예전에는 스티브 잡스를 비웃는 사람들도 있었습니다. '키보드 없는 기기를 만든다고? 어떤 정신 나간 직장인이 그런 걸 쓰겠어?' 지금도 이런 시기라고 보면 될 것 같습니다. 우리는 이미 훌륭한 AR, VR 장치를 가지고 있고 결국에는 보편적인 기능이 있게 될 것입니다. 반도체 회사들은 2023년 이후에 나올 AR, VR이 놀라울 수준일 것이라고 입을 모아 말합니다. 우리는 AR, VR 계의 아이폰과 같은 제품을 보기 직전, 동이 트는 시점에 있습니다.

컴퓨터에 비유해 볼까요? 블록체인은 아직 어립니다. 10살 쯤 됐을까요. 반면 컴퓨터의 역사는 100년이 넘습니다. 블록체인과 컴퓨터를 비교하고 싶다면 이메일을 처음 사용했을 때를 생각해 보세요. 이메일에 P2P 기능이 있었기 때문에 우체국에 갈 필요가 없었습니다. 블록체인이나 비트코인도 그렇지 않을까요? 사람들이 처음 이메일을 보내기 시작했을 때는 이메일도 대학이나 큰 회사에서나 사용했습니다. 가정마다 있지도 않았지요. 현재 블록체인을 사용하는 사람은 미국 기준 10%며 여성은 남성의 절반에 불과합니다. 컴퓨터와 비슷한 고정관념도 있습니다. 바로 특정 유형의 사람만 사용하지 않느냐 하는 것이지요. 유비쿼터스 방식은 아닐지라도 언젠가는 누구나 사용하는 우리 사회의 필수 구성 요소가 될 것입니다. 이메일처럼 말입니다.

Q. 남성보다 여성 사용자가 적다고 말씀하셨는데요, 왜일까요? 블록체인도 기술과 금융에 민주화가 필요해 보입니다.

A. 저도 정답은 모릅니다. 그러나 이메일 초기와 비교해보면 처음 3~5년 동안의 성별 불균형은 비슷한 양상을 띱니다. 그리고 이것이 웹 브라우저 채택에도 동일하게 적용됩니다. 그러나 기술이 사회에 스며들면 그 격차는 줄어들 것입니다.

Q. 다음 세대는 이런 메타버스 개념을 가진 채 성장합니다. 메타버스에 대한 교육 시스템은 어떻게 대응해야 할까요?

A. 비관적으로 들릴지도 모르겠지만, 학계도 업계를 따라잡기 위해 노력하고 있습니다. 그러나 산업은 너무 빨리 돌아가고 있죠. 학계보다는 산업계가 주도하고 있는 모양새입니다. 과거에는 학계가 대화를 주도하고 업계가 이를 흡수했습니다.

그러나 AR, VR과 같은 경우 업계에서 먼저 합의가 이루어집니다. 대학에서 자율주행차를 만드는 것은 정말 어렵습니다. 여러 대학을 모아서 연구를 진행하는 국가 프로그램이 있지만 비용은 천만 달러부터 시작합니다. 학계에서 이 금액을 감당할 수 없어요. 블록체인의 경우도 마찬가지입니다. 대부분의 대학에는 블록체인과 DeFi를 가르치는 과정이 없습니다. 이 문제는 또한 성별 불균형 문제와도 관련이 있지요. 전통적인 기관의 양질의 교육이 부족한 현실입니다.

이 문제의 해결 방안은 두 가지가 있습니다. 첫 번째, 학계에서 이 문제를 중앙 집중식으로 해결해볼 수 있습니다. 대개 대학과 초중고등 필수 교육기관은 중앙 집중식입니다. 두 번째, 탈중앙화 방식도 있습니다. 현재 최고의 탈중앙화 학습 플랫폼은 유튜브입니다. 많은 사람들이 유튜브를 통해 블록체인을 학습합니다. 따라서 교육 채널을 설정하고 탈중앙화 플랫폼에서 사용자가 생성하는 콘텐츠를 사용하여 교육 문제를 해결할 수 있다고 생각합니다. 분산된 방식으로 이 문제를 해결하면 여러 가지 이점이 있습니다. 기초(수학, 물리학, 화학, 생물학 등)를 가르치는 데는 전통적인 중앙 집중식 교육이 효과적이기는 합니다. 그러나 지수적 성장 경제에서 앞으로 나아가면 분산 교육이 더 큰 역할을 할 것입니다. 중앙 집중식 선형 성장 교육 시스템으로 지수적 성장을 따라잡으라고 요청할 수는 없습니다. 경제와 기반 기술이 따라주지 못합니다. 배는 이미 떠나고 난 뒤니까요.

Q. 최근에는 온라인 교실과 태블릿PC를 이용한 교육도 이루어지고 있습니다. 결국에는 교실도 사라질지 모르겠습니다. 시스템이 언제쯤 교실을 대체할 수 있을까요?

A. 대답하기 어려운 질문이네요. 개인적으로 진화보다는 혁명이 필요하다고 생각합니다. 앞서 이야기했듯이, 우리는 수학, 물리학, 화학, 생물학을 가르치는 매우 안정적인 교육 시스템이 필요합니다. 이것은 사회의 기본입니다. 하지만 늘 다음이 있겠지요. 지금은 우리가 블록체인을 이야기하고 있지만, 그다음은요? 10년 후에는 또 다른 무언가가 등장할 것입니다. 전통적인 학교 시스템에 머무는 것이 좋다고 생각하지는 않습니다. 블록체인이나 탈중앙화 시스템에서 완전히 새로운 것을 만들어내야 한다고 생각합니다.

Q. 레디 플레이어 원Ready Player One처럼 교육 자원과 학교까지 가상화된 교육 시스템을 말씀하시는 건가요?

A. 교육에는 세 가지가 있습니다. 첫 번째는 콘텐츠입니다. 콘텐츠는 유튜브 그 이상도 이하도 아닙니다. 팬데믹 당시 영상을 녹화했던 것은 순수한 교육 콘텐츠라는 면에서 유튜브 채널을 만든 것과 같았고, 유튜브는 어떻게 보면 탈중앙화된 학습 방식이라고 할 수 있습니다. 두 번째는 상호 작용입니다. 학

생들이 버클리에 오는 것이 유튜브보다 낫다고 생각하는 이유는 사람들, 교육자들과 상호 작용이 중요하기 때문입니다. 유튜브 콘텐츠와는 상호 작용할 수 없습니다. 교사가 처음부터 끝까지 혼자서 떠드는 수업이 있다면 좋은 수업이 아닙니다. 학생들이 자신의 견해와 해결책을 제시할 시간을 수업의 절반이나 3분의 1을 할애하는 것이 좋습니다. 실제 교실이든 가상 교실이든 정보를 교환하는 커뮤니티가 존재합니다. 이러한 의미에서 유튜브는 완벽한 교육 경험이 될 수 없습니다. 교육 프로그램의 세 번째 요소는 교육의 질을 테스트하고 검증할 방법을 찾는 것입니다. 유튜브도 이러한 작업을 수행할 수는 없으니 매우 중요합니다. 유튜브와 현재의 중앙 집중식 대학 경험보다 나은 교육을 만들 수 있도록 두 번째 및 세 번째 요소를 메타버스로 가져올 방법을 찾아야 합니다.

Q. 지수적 성장 경제 내용으로 돌아가게 되는데요, 더 설명해주실 수 있을까요?

A. 저는 경제학 교수도 아니고 투자도 하지 않습니다. 공학에서 일하면서 배운 것은 지수적 성장 경제에 대한 투자가 트렌드라는 것입니다. 사람들은 변혁적 기술과 지수적 성장 기술에 대해 이야기하고 있습니다. 기본적으로 이것은 컴퓨터에 대한 유명한 무어의 법칙에서 볼 수 있듯이 시장의 성장 추세가 지수적이라는 것을 의미합니다. 기술이 없으면 교육을 포함

한 인간 생활의 개선은 선형적입니다. 교육 시스템을 예로 들면 교수가 새로운 학문을 개척하고 새로운 콘텐츠를 만드는 데 몇 년이 걸립니다. 버클리에서는 AR, VR, 자율 주행 및 블록체인에 필요한 기술을 갖춘 학부생 및 석사 과정 학생이 사회에 필요하다고 믿습니다. 그러면 이러한 경제가 성장하기 위해서는 더 많은 학생을 성장시켜야 할 것입니다. 나는 모든 것이 지수적으로 성장하고 있다고 말하는 것이 아닙니다. 예를 들어, 박사 과정이 지수적으로 성장하지는 않습니다. 버클리의 박사 과정은 우리가 정말로 해결해야 할 산업 문제를 10년, 20년씩 연구합니다.

Q. 10년 차 박사들은 어떤 것을 바라보나요?

A. 메타버스 자체에 꼭 특정 주제가 있다고 생각하지는 않습니다. 그러나 사용자 경험을 뒷받침할 연구는 꼭 필요하겠죠. 예를 들어 훌륭한 아바타를 만드는 방법 같은 것이 있습니다. 많은 사람들이 심도 있게 연구했죠. 레아Leia 공주의 홀로그램이 보이는 스타워즈를 생각해 보세요. 지금도 불가능한 일은 아니지만 인텔이나 마이크로소프트가 나서고 카메라가 100대쯤 있어야 합니다. 그 해상도로 아바타를 만들려면 그만큼 비용이 많이 듭니다. 기업들은 이러한 작업을 하고 있습니다. 메타로 전환을 발표하기 전 페이스북 개발자 콘퍼런스에서는 지난 몇 년간의 아바타 사용 사례를 시연했습니다. 아

바타가 점점 개선되는 것을 보여주었고, 메타를 발표했을 때 아바타는 훨씬 좋아졌습니다.

또 다른 예는 디스플레이 개발입니다. 휴대전화의 디스플레이 수준을 벗어나야 합니다. 디스플레이 기술과 제조 기술은 더 크게 발전해야 합니다. 비용이 10%에서 20%만 더 들어도 사용자에게는 5,000달러씩 받아야 할 것입니다. 현재 디스플레이는 구세대 LCD나 LED며 이는 메타버스용으로 적합하지 않습니다. 마이크로 LED와 마이크로 OLED가 새로운 세대며 이는 유튜브 지식으로는 해결하지 못합니다. 대학과 업계에서 심층적인 연구를 통해 해결해야 합니다.

마지막은 칩셋 디자인입니다. AI용 CUDA 칩이 있는 것처럼 우리는 사람의 감각 처리에 초점을 맞춘 메타버스용 칩이 필요합니다. 메타버스가 성장할 돌파구이자 기반 기술에 필요한 연구가 될 것이라고 확신합니다.

Q. AR과 VR은 메타버스 경험에 중요한가요? 아니면 그저 '있으면 좋은' 것일까요?

A. 마인크래프트는 현재 인기 있는 앱 중 하나입니다. 사실 마인크래프트에는 굳이 AR, VR이 필요하지 않습니다. 없어도 잘 살아남을 겁니다. 로블록스도 그렇고요. 2D에서 3D로의 전환은 점진적으로 일어날 것이라 생각합니다. 저는 컴퓨터, 아이폰 그리고 이제 블록체인과 AR, VR을 배우고 있다고 생각

한다면 이미 모든 것이 AR, VR로 존재하는 세상에 태어나는 세대가 있을 것입니다. 모든 것에는 블록체인이 있겠지요. 그들은 AR, VR과 블록체인을 사용하는 것이 자연스럽습니다. 대학에 다닐 때 저는 이메일을 쓰는 법을 처음으로 배웠습니다. 제가 태어났을 때는 몸에 항상 5개의 IP 주소가 있는 세상은 상상도 못했지요. 하지만 AR, VR의 세상에 태어난 세대는 다를 겁니다. 오래된 기술에 익숙한 사람들은 새로운 기술이 어떻게 적용되는지 확인하기 위해 고군분투합니다. 새로운 세대가 올 것이고 그들에게는 아주 쉬운 문제일 것입니다.

Q. 메타버스가 향후 5년 동안 비즈니스 모델에 어떤 영향을 미칠까요? 필요한 인재나 기술을 습득하려면 어떻게 해야 합니까?

A. 저는 교육에 종사하고 있는 만큼 높은 사람들이 교육에 관심을 가져주기를 바랍니다. 우리는 지수적으로 성장하는 기술을 지원하고 가르칠 방법을 찾아야 합니다. 작업하는 사람이 충분하지 않으면 지수적 성장 경제에 대한 추가 수요는 붕괴될 수 있습니다. 우수한 학생을 훌륭한 직원, 리더 또는 의사결정자로 교육하는 데는 5년, 10년, 20년이 걸립니다. 지금 시작해야 합니다. 그러나 대학에 의존하는 것이 유일한 해결책은 아니라고 생각합니다. 문제를 함께 해결하려면 다른 방법을 찾아야 하며 유튜브도 해결책은 되지 못합니다. 어떤 해

결책이 있을까요? '메타버스 대학'이란 무엇일까요? 우리 같이 생각해볼 필요가 있습니다. 모든 사람이 동의하지는 않겠지만 DeFi와 디앱이 중앙 집중식 비즈니스 모델을 몰아내고 빛을 볼 날이 올 것이라고 믿습니다. 힘들게 번 돈을 중앙 집중식 은행과 DeFi에 넣어둘 때 각각 이자가 어떻게 나오는지 예를 들었습니다. 은행에 계좌를 만들 이유가 있을까요? 이것은 한 가지 사례일 뿐입니다. 의사결정권자는 비즈니스 모델을 재검토하고, 중앙 집중식 시스템과 선형 성장하는 부분을 찾아내 탈중앙화 유기 조직으로 이들을 추월할 수 있는지 확인해야 한다고 생각합니다. 추월하면 더 이상 싸울 사람도 없겠죠. 탈중앙화는 이 회사가 저 회사와 경쟁하는 것이 아니기 때문에 탈중앙화 비즈니스와는 경쟁하기가 어렵습니다.

기술의 미래는 AR, VR이라고 저는 믿습니다. 사람들이 컴퓨터 화면을 통해 정보를 얻고 상호 작용하는 것은 50년이 넘었고, 이제 다가오는 미래는 몰입형 경험이 될 것입니다. 디스플레이, 칩 및 컴퓨터 비전이 발전하면 2D보다 3D 상호 작용이 더 많아질 것입니다. 컴퓨터든 휴대전화든 2D 화면보다는 이제 모든 사용자 경험, B2B, B2C를 AR, VR로 통합해야 합니다.

Q. 메타버스에서 이제 막 시작하려는 사업에 조언을 해주신다면요?

A. 글쎄요, 저도 모든 것을 알지는 않습니다. 저는 의사결정권자들이 직면하는 구체적인 어려움, 고객도 잘 모릅니다. 일단 기업은 문제점을 반드시 해결하기 위해 팀의 말에 귀를 기울여야 하겠죠. 기술이 준비되면 블록체인이 더 안전해지고 칩이 더 빠르게 실행되는 시점이 올 것입니다. 블록체인과 메타버스의 미래는 매우 밝다고 생각합니다. 그러나 현재 의사결정권자는 필수 기능의 격차를 줄이는 데 집중해야 합니다. 우리는 첫 번째 아이폰과 같은 제품을 만드는 시기에 있다고 말씀드렸죠. 초기 내비게이터 브라우저와 동등한 것을 만들고 있습니다. 이들은 우리가 해결하고 있는 어려운 문제입니다. 사용자에게 시스템을 사용하는 방법도 교육해야 하니까요.

앨런 양 박사

캘리포니아 버클리 대학University of California, Berkeley의 EECS(전기 공학 및 컴퓨터 과학) 학과의 일원인 앨런 박사는 FHL 증강현실 바이브 센터FHL Vive Center for Enhanced Reality 및 버클리 DeFiBerkeley DeFi 연구 조직의 이사다. 바이브 센터 홈페이지vivecenter.berkeley.edu나 버클리 DeFi 연구 조직defi.berkeley.edu을 방문하면 앨런 박사와 프로젝트에 대해 자세히 알아볼 수 있다.

저자의 마지막 인사이트

캐시 해클 _____

"미래는 가능성이 분명해지기 전에 보는 사람의 것이다." 애플의 전 CEO인 존 스컬리John Sculley가 한 말이다. 오늘날 스컬리를 기억하지 못하거나 스티브 잡스와 팀 쿡 외에 다른 CEO가 있었다는 사실에 놀라는 사람이 많을지도 모르겠다. 그의 문구는 미래를 내다보았지만, 사람들이 스컬리를 기억하지 못한다는 사실을 내다본 것 같기도 하다.

웹 3.0 시대에 들어서면서 새로운 사용자가 등장하고, 노키아Nokia와 블록버스터Blockbuster의 발자취를 따를 웹 2.0 사용자도 있을 것이다. 이 책을 읽음으로써 우리가 향하고 있는 새로운 여정에서 당신이 일하는 회사와 브랜드가 문화적으로 뒤처지지 않도록 돕는 출발점이 되었으면 한다. 또한 이 책을 읽으면서 인터넷의 미래에서 스스로 직업적 길을 준비하는 단계를 밟았다는 점을 칭찬하고 싶다.

웹 3.0 시대에는 새로운 유형의 리더와 새로운 형태의 리더십이 필요하다. 우리는 커뮤니티 및 사람들과 소통하는 새로운 방법이 필요하다. 메타버스 경제에서 새로운 일자리가 생길 것이며, 당신이나 이 책을 읽는 누군가가 애플의 차기 CEO가 될 수도 있다. HTC 바이브, 매직 리프Magic Leap 및 AWS와 같은 메타버스 관련 회사에서 거의 10년을 보낸 후 나는 우리가 향하고 있는 방향을 직접 보았고, 그 과정에서 많은 교훈을 얻었다. 공동 저자인 더크, 토마소와 내가 이 책에서 전달하고자 하는 것은 우리가 경력을 쌓아오며 수집한 지식과 선견지명이다. 우리는 조직 내에서 메타버스와 웹 3.0을 전파하는 데 필요한 도구, 프레임워크와 통찰력으로 무장하고 있다.

나는 당신이 다가올 미래에 환영받는 인재며 우리와 함께 이 여정에 초대되었다는 것을 알기를 바란다. 메타버스에서 우리는 모두 세계 건설자며 지금이 바로 그때다. 더 나은 미래를 만들 수 있는 당신의 능력을 항상 믿어라. 함께 길을 개척하자.

더크 루스

독일 철학자 아르투어 쇼펜하우어(1788~1860)의 말을 상기해보자. '모든 진리는 세 단계를 거친다. 첫째, 조롱한다. 둘째, 반대한다. 셋째, 자명한 것으로 받아들여진다.' 나는 이것이 메타버스에서도 마찬가지일 것이라고 생각한다. 2022년인 오늘날 우리는 1단계와 2단계 사이 어딘가에 있다. 물론 얼리 어답터 중 일부는 이미 세 번째 단계에 도달했을 수도 있다.

거주지를 선택할 때 사람들은 날씨를 중요하게 생각한다. 대부분의 사람들은 춥고 우울한 날씨보다 따뜻하고 맑은 날씨를 좋아한다. 메타버스를 구축할 때도 이를 기억해야 한다. 웹 1.0 및 웹 2.0에서 잘된 것과 잘 되지 않은 것, 특히 기술이 가져오는 우울증 및 기타 해로운 영향을 보고 있는 소셜 미디어에서 무엇을 배울지는 우리에게 달려 있다. 사람들은 부적절한 행동을 단속하거나 사기꾼을 없애기 위해 자신의 커뮤니티를 통제할 수 있는 권한을 갖게 된다. 우리는 이 새로운 기회와 창의성의 땅에서 진정으로 풍요로운 무언가를 만들 수 있는 방법을 생각해야 한다. 메타버스는 재정적, 사회적, 경험적으로 유망한 기술이며, 나는 우리 모두가 메타버스를 즐기는 세상을 만들기 위해 도전해야 한다고 생각한다. 여기에는 메타버스가 생성하는 탄소 발자국을 상쇄하여 기후 문제를 해결하기 위한 관련 기술, 포용과 다양성, 도움이 필요한 사람을 돕는 것 등이 포함된다. 업랜드에서 우리는 좌우명을 만들었다. '세계를 다시 건설합시다. 더 나은 방향으로.'

토마소 디 바르톨로

나는 2030년까지의 세상을 바라보는 방식과 그 안에서 메타버스가 작동하는 방식을 이 책에 담았다. 그리고 메타버스라는 가능성으로 인해 일어날 세 가지 엄청난 변화가 보인다. 나는 우리가 더 이상 GDP를 강조해서는 안 된다고 생각한다. 이제는 메타버스 총생산, 즉 GMP의 시대를 열어야 한다. 2030년까지 GMP는 GDP보다 훨씬 더 큰 규모가 될 것이다. GMP는 제품과 서비스라는 두 기둥으로 구성된다. 제품과 서비스에 들어가기 위해 그리고 GMP가 GDP를 능가하기 위해서는 현실 세계보다 메타버스에 더 많은 일자리가 생겨야 한다. 메타버스를 통해 일자리는 무수히 많이 만들어질 것이다. 그리고 메타버스 경제를 우리가 알고 있는 디지털 세계뿐만 아니라 물리적 세계보다 훨씬 더 크게 만들 것이다. 더 많은 일자리를 만들기 위해 우리는 엄청난 교육 변화를 겪게 될 것이다. 모든 국가는 자체 교육 시스템에 의존한다. 우리는 교육 시스템을 재창조해야 할 필요성을 크게 느끼고 있다. 당신이 어떻게 배워서 메타버스로 전환하는지 지켜볼 것이다. 왜냐하면 우리 모두는 감각을 통해 더 잘 배우기 때문이다. 메타버스는 보고, 느끼고, 만지고, 배우는 우리의 감각을 통해 몰입감을 제공한다.

요약하자면 GMP는 GDP를 능가할 것이다. 메타버스는 더 많은 제품과 서비스와 수익을 창출할 것이다. 이것은 실제보다 더 큰 노동력을 기반으로 한다. 마지막으로 메타버스에서 노동의 미래와 교육의 미래를 개발할 것이다. 이것은 새로운 사고방식, 새로운 소비자, 새로운 노동자, 메타버스 안에서 일하며 살아가는 새로운 인간으로 이어질 것이다. 이것이 나의 비전이다.

업랜드는 이 책의 자랑스러운 후원사다.

NFT 소유권과 실제 화폐 변환은 이 책에서 자주 나오는 개념이다. 메타버스는 삶을 변화시키는 가능성이 있으며 이를 뒷받침하는 명확한 데이터가 있다. 그러나 업랜드 내부에서 실제로 일어나는 이야기는 공동 설립자인 더크 루스, 이단 주커만, 마니 호니그스테인에게 영감을 준다.

겉으로 보기에 업랜드는 평범한 게임처럼 보인다. 그러나 내부에서는 놀라운 일을 목격하게 될 것이다. 업랜드의 플레이어는 귀엽게도 업랜더Uplander라고 부르는데, 이들은 게임만 하는 것이 아니다. 글로벌 커뮤니티에 연결되어 있다. 그리고 도시를 새로운 것으로 재건한다. 이들은 실제 가치로 보상을 받으며 즐겁게 지내고 있다.

이것은 업랜드만의 일은 아니다. 메타버스 곳곳에는 경제적으로나 독특한 경험을 통해 삶을 영위하는 사람들에 대한 이야기가 있다. 업랜드는 잠재력을 최대한 발휘하기 위해서는 메타버스 경제가 탈중앙화되고 개방적이며 커뮤니티 중심이 되어야 한다고 믿는다.

개발자, 투자자, 크리에이터, 기업가, 사업가는 메타버스에서 소수보다 다수에게 유리한 디지털 생태계를 구축할 수 있는 기회가 있다. 역사의 이 시점에서 업랜드는 이러한 기회에 대한 격차를 해소하기 위해서는 교육이 필요하다고 믿는다. 사용자부터 브랜드에 이르기까지 모든 사람이 참여할 수 있는 방법을 이해하면 메타버스는 이전에 본 적 없는 디지털 목적지로 빠르게 달려간다.

업랜드는 이러한 신념을 가지고 이 책을 후원했다.

설립자는 업랜드보다 더 큰 꿈을 가지고 있다. 그들은 우리 모두가 바로 지금, 역사에서 특별한 시대를 살고 있으며 특별한 역사를 창조하고 있다는 것을 안다. 누구도 배제되어서는 안 된다. 이것이 그들이 기회, 창의성, 다양성 및 포용성의 이 새로운 땅을 탐험하기 위한 나침반을 제공하고자 하는 이유다. 이 책은 우리 모두가 속한 메타버스라는 더 큰 비전을 향한 작지만 중요한 단계다.

"업랜드 : 세상을 다시 건설하다."

캐시 해클

명료함, 평화 그리고 수용. 이 여정에 참여한 것이 무척이나 기쁘다. 앤디 짐머만Andy Zimmerman, 브랜든 캐플런Brandon Kaplan, 리오넬 오하욘Lionel Ohayon, 제니퍼 도허티Jenn Doherty, 크레이그 아이어스Craig Ayers, 에밀 호프만Emile Hoffman, 하이메 레이자크Jaime Reixach, 프랭크 반 덴 벤Frank Van den Ven, 이시도라 드 빈센트Isidora De Vicente, 이그나시오 아코스타Ignacio Acosta 및 릴리 스나이더Lily Snyder에게 감사한다. 미래는 활짝 열려 있다. '메타버스 대모'라는 칭호를 준 앤드류 슈워츠Andrew Schwartz에게도 감사한다. 티셔츠보다 더 많은 빚을 지고 있다. 내 말을 들어주고 내 친구가 되어준 린지 맥Lindsey Mac에게 감사한다. 당신은 소중한 사람이다. 그리고 나를 들여다봐 준 나바 베르크Navah Berg에게도 감사한다. 항상 내 편이 되어준 롭 크라스코Rob Crasco에게 감사한다. 친구이자 함께 책을 쓴 적이 있는 존 버젤John Buzzell과 샘 울프Sam Wolfe에게 감사드린다. 링크드인으로 연락하여 나에게 이야기를 공유해준 모든 사람들에게 감사드린다. 힘든 시기에 든든한 버팀목이 되어준 부모님 그리고 나만의 응원단이자 안식처가 되어준 동생과 그 가족들에게도 감사를 전한다. 집에서 나의 오른팔이 되어준 이라이다 리바스Iraida Rivas에게 감사한다. 내 내면의 힘을 되찾을 수 있도록 도와

준 사샤 놉Sacha Knop에게 감사드린다. 영원히 감사하며 살겠다. 나의 보호자가 되어준 아서Arthur에게 감사한다.

드레스너Dressners와 블레이크Blakes에게 감사한다. 나에게 지혜를 공유해준 공동 저자에게 감사하고, 훌륭한 편집자가 되어준 존John에게도 감사한다. 업랜드 가족 모두 감사한다. 로블록스, 월마트, 업랜드, ARIA, 아바타 디멘시오Avatar Dimensio, 샌드박스, 나이앤틱, 크리니크, P&G, 만티코어 게임Manticore Games, 랄프 로렌, 나이키, 애드위크Adweek, 아웃라이어 벤처스Outlier Ventures, 776 펀드776 Fund, XR 펀드의 여성Women in XR Fund 등 모든 업계 동료에게 감사한다. 감사할 사람이 더 많은데 지면이 여의치 않다. 온 마음 다해 모두에게 감사를 전한다. 아, 그리고 좋은 아이디어를 낼 기회를 주신 와일리에게 감사드린다.

더크 루스

영감, 지지 그리고 지식. 메타버스로의 여정에 함께 해주신 분들께 감사드린다. 무엇보다도 많은 식탁 토론에서 '업랜드'라는 아이디어를 브레인스토밍하고 이를 실현하기 위해 모든 긍정적인 에너지와 지원을 제공한 아내 카린과 두 아들에게 감사한다. 업랜드 공동 설립자인 이단 주커만과 마니 호니그스테인에게 '.me'로 회사 웹사이트를 시작하게 한 유명한 모노폴리의 밤과 그 이후의 모든 것에 감사드린다. 회사의 첫 번째 '천사'였던 랜 랜드만Ran Landman, 우리를 한 팀으로 믿어준 스테판 슈에츠Stefan Schuetze, 후안 로드리게즈Juan Rodriguez, 테오

289

웍Theo Woik, 카이 볼릭Kai Bolik의 전문성과 격려에 감사드린다. 귀중한 조언을 해주신 리즈 버크Riz Virk, 마이클 터핀Michael Terpin, 마르크 슈틸케Marc Stilke, 얀 슈프렝네트Jan Sprengnetter에게 감사드린다. 메타버스에 대한 비범한 비전과 지침을 공유한 얏 시우, 16세에 처음 시작한 벤처를 포함하여 나의 모든 기업가적 노력을 함께한 토르스텐 하이즐Thorsten Heissel, 행복한 정신과 선한 영향력을 보여준 공동 저자 캐시 해클, 그리고 나와 거의 같은 시기에 유럽에서 실리콘 밸리로 이주해 내 모든 기복을 경험한 다른 공동 저자이자 오랜 친구인 토마소 디 바르톨로 모두 항상 훌륭한 스파링 파트너였다(잘못된 조언 하나만 빼면요 ;-). 이 책을 출판한 와일리에게도 감사드린다. 마지막으로 책을 멋지게 편집해주고 책에 필요한 모든 것을 맡아준 존 아르콘타키John Arkontaky에게 감사한다.

토마소 디 바르톨로

웹 3.0을 배우는 동안 나를 응원해 주신 분들께 무한한 감사를 드린다. 덕분에 내가 배운 교훈을 공유하고 이 책에 기여할 수 있었다. 나의 모든 모험을 바로 옆에서 함께 해준 평생 내 편인 아내와 두 아들에게 큰 감사를 전한다. 쉽지 않은 일이라는 것을 알고 있다. 나의 가장 친한 친구인 누나, 항상 존경하고 존경하는 형, 그리고 마지막으로 기대를 감사로 바꾸는 것을 일찍부터 가르쳐주신 나의 가장 열렬한 팬인 부모님께 감사를 드린다.

최근 나에게 직간접적으로 영향을 미친 동료들에게도 깊은 감사를 드린다. 2017년 초청 강연을 갔던 버클리 대학 수타르자 경영 기술 센터UC Berkeley, Sutardja Center for Entrepreneurship and Technology, 멘토이자 친구인 웰더 산토스Welder Santos와 다시 나시멘토Darcy Nascimento, 영혼의 단짝친구인 라비톨 맛짐바커Lavitor Matzembacker, 에릭 몬테네그로Eric Montenegro, 마르셀로 수자Marcelo Souza, 책을 쓰면서 저자들을 훌륭하게 지도해준 존 아르콘타키에게 감사한다. 팟캐스트에서 내가 주로 '메타버스 대모'로 소개하는 캐시 해클에게 고향에 있는 가족들은 내가 메타버스 대부라고 불리면 오해를 받겠다며 농담을 한다. 마니 호니그스테인과 이단 주커만, 그리고 마지막으로 2018년에 나에게 조언을 구했던 실리콘 밸리의 친구 더크 루스에게 감사한다. 더크는 나에게 블록체인과 탈중앙화 앱 그리고 암호학 경험을 한 프로젝트에 섞는 것은 너무 위험한 짓이라고 했었다. 내가 틀렸다. 당신이 내 친구인 것이 자랑스럽고, 그 일원이 되어 뿌듯하다. 미지의 것을 신중하게 발견하면서 겸손하게 배우겠다.

1장 | 메타버스 입문

- 인공지능
  https://www.britannica.com/technology/artificial-intelligence (accessed 15 January 2022).

- 증강현실
  https://www.investopedia.com/terms/a/augmentedreality.asp (accessed 15 January 2022).

- 블록체인
  https://www.investopedia.com/terms/b/blockchain.asp (accessed 15 January 2022).

- 블록체인 지갑
  https://www.investopedia.com/terms/b/blockchain-wallet.asp (accessed 15 January 2022).

- NFT(대체 불가 토큰)
  https://help.foundation.app/en/articles/4742869-a-complete-guide-to-minting-an-nft(accessed 15 January 2022).

- 가상화폐
  https://www.investopedia.com/terms/c/cryptocurrency.asp (accessed 15 January 2022).

- 암호 토큰
  https://www.investopedia.com/terms/c/crypto-token.asp (accessed 15 January 2022).

- DAO(탈중앙화 자율 조직)
  https://www.investopedia.com/tech/what-dao/ (accessed 15 January 2022).

- 5G(Gillis, Alexander S.)
  https://www.techtarget.com/searchnetworking/definition/5G (accessed 15 January 2022).

- 스마트 계약
  https://ethereum.org/en/developers/docs/smart-contracts/ (accessed 15 January 2022).

- 메타
  https://www.merriam-webster.com/dictionary/meta(accessed 15 January 2022).

- McCaffrey, Matthew. (2018). EA's Failed In-Game Moneymaking Strategy Proves That Consumers Remain the Most Effective Regulators of Markets.
  https://fee.org/articles/eas-failed-in-game-moneymaking-strategy-proves-that-consumers-remain-the-most-effective-regulators-of-markets/ (accessed 15 January 2022).

- 전 세계 페이스북 활성 사용자(2021)
  https://www.statista.com/statistics/264810/number-of-monthly-active-facebook-users-worldwide/#:~:text=With%20roughly%202.91%20billion%20monthly,the%20biggest%20social%20network%20worldwide (accessed 15 January 2022).

- 가상현실(VR)
  https://www.gartner.com/en/information-technology/glossary/vr-virtual-reality (accessed 15 January 2022).

- 웨어러블 기술
  https://www.investopedia.com/terms/w/wearable-technology.asp (accessed 15 January 2022).

- Webster, Andrew. EA says it's learned from Star Wars Battlefront controversy, vows to "be better." (2018).
  https://www.theverge.com/2018/4/13/17230874/ea-star-wars-battlefront-2-loot-box-patrick-soderlund-interview (accessed 15 January 2022).

- DeFi
  https://www.coinbase.com/learn/crypto-basics/what-is-defi (accessed 15 January 2022).

- 엣지 컴퓨팅

https://www.ibm.com/cloud/what-is-edge-computing (accessed 15 January 2022).

- 'What Is Internet' Katie Couric, Bryant Gumbel are Puzzled. (2019). https://www.today.com/video/-what-is-internet-katie-couric-bryant-gumbel-are-puzzled-62308421624 (accessed 15 January 2022).

2장 | 메타버스 경제란 무엇인가?

- 비트코인 vs. 이더리움의 차이
  https://www.investopedia.com/articles/investing/031416/bitcoin-vs-ethereum-driven-different-purposes.asp (accessed 15 January 2022).
- 탈중앙화 시장
  https://www.investopedia.com/terms/d/decentralizedmarket.asp (accessed 15 January 2022).
- Hayward, Andrew. (2021). Adidas Enters Metaverse with Bored Ape Yacht Club Ethereum NFT.
  https://decrypt.co/87467/adidas-metaverse-bored-ape-yacht-club-ethereum-nft (accessed 15 January 2022).
- Iacurci, Greg. (2021). Bitcoin Slump Offers Tax Play for Investors - For Now.
  https://www.cnbc.com/2021/12/31/bitcoin-slump-offers-tax-benefit-to-investors-for-now.html (accessed 15 January 2022).
- Ross, Sean. 왜 생산 요인들이 경제 성장에 중요한가?(2021)
  https://www.investopedia.com/ask/answers/040715/why-are-factors-production-important-economic-growth.asp (accessed 15 January 2022).

3장 | 메타버스의 비즈니스 사례 구축

- Bitcoin Rallies from Weekend Stumble as Traders Anticipate ETF. (2021).
  https://www.bloomberg.com/news/videos/2021-10-18/bitcoin-rallies-from-

weekend-stumble-as-traders-anticipate-etf (accessed 15 January 2022).

- Carmicheal, Kayla. Dwell Time Is the SEO Metric You Need to Track. https://blog.hubspot.com/marketing/dwell-time (accessed 15 January 2022).

- Colp, Tyler. EA는 NFT와 블록체인 게임을 "우리 산업의 미래"라고 부른다(2021). https://www.pcgamer.com/ea-calls-nft-and-blockchain-games-the-future-of-our-industry/ (accessed 15 January 2022).

- EA CEO: NFT 및 Play-to-Earn은 게임의 미래입니다(2022). https://coinculture.com/au/people/ea-ceo-says-nfts-play-to-earn-future-of-gaming/ (accessed 15 January 2022).

- 페이스북은 가상현실 기반 "메타버스"를 구축하기 위해 유럽에서 1만 명을 고용할 계획이다(2021). https://www.npr.org/2021/10/18/1047033994/facebook-metaverse-10-000-workers-europe-virtual-reality (accessed 15 January 2022).

- Gogol, Frank. Study: 94% of Crypto Buyers Are Gen Z/Millennial, But Gen X Is Outspending Them. https://www.stilt.com/blog/2021/03/vast-majority-crypto-buyers-millennials-gen-z/ (accessed 15 January 2022).

- Growth: It Comes Down to Experience. (2020). https://www.accenture.com/_acnmedia/Thought-Leadership-Assets/PDF-3/Accenture-Interactive-Business-of-Experience-Full-Report.pdf#zoom=50 (accessed 15 January 2022).

- Hayward, Andrew. 크립토펑크 소유자가 NFT를 위해 이더리움에서 950만 달러를 거절한 이유 (2021). https://decrypt.co/83727/why-cryptopunks-owner-turned-down-9-5m-ethereum-nft (accessed 15 January 2022).

- Leading Benefits of Using Social Media for Marketing Purposes Worldwide as of January 2021. https://www.statista.com/statistics/188447/influence-of-global-social-media-marketing-usage-on-businesses/ (accessed 15 January 2022).

- Moore, Geoffrey. (2014). 《Crossing the Chasm》, 3rd ed. HarperCollins.

- Nonfungible.com Market Overview. https://nonfungible.com/market/history(accessed 15 January 2022).

- NFT 분기 보고서 : Q2-2021.
  https://nonfungible.com/blog/q2-2021-nft-report.

- Our Shared Digital Future: Responsible Digital Transformation - Board Briefing.
  (2019).
  https://www.weforum.org/whitepapers/our-shared-digital-future-responsible-
  digital-transformation-board-briefing-9ddf729993 (accessed 15 January 2022).

- Quest 2.
  https://www.oculus.com/quest-2/ (accessed 15 January 2022).

- Shapiro, Bradley, Günter Hitsch, and Anna Tuchman. TV Advertising Is Usually
  Not Worth It. (2021).
  https://insight.kellogg.northwestern.edu/article/tv-advertising-is-usually-not-
  worth-it (accessed 15 January 2022).

- Share of Gen Z vs. Total Internet Users Who Access Music Through Copyright
  Infringement or Stream Ripping Worldwide as of May 2019.
  https://www.statista.com/statistics/609114/music-copyright-infringement-by-
  age/ (accessed 15 January 2022).

- 트렌드 vs. 유행. Seth Godin. (2015).
  https://seths.blog/2015/08/trends-vs-fads/ (accessed 15 January 2022).

- 코로나19 동안 미국의 소비 심리와 행동(2021).
  https://www.mckinsey.com/business-functions/marketing-and-sales/our-
  insights/survey-us-consumer-sentiment-during-the-coronavirus-crisis
  (accessed 15 January 2022).

- Versprille, Allyson. (2022). 2021년 NFT 시장 400억 달러 돌파, 새로운 추정치 발표
  https://www.bloomberg.com/news/articles/2022-01-06/nft-market-
  surpassed-40-billion-in-2021-new-estimate-shows (accessed 15 January
  2022).

- Vorhaus, Michael. Untapped Opportunities: Games, Virtual Goods, and Blockchain:
  2020 Vorhaus Digital Strategy Study: Key Findings. (2020). (accessed 15 January
  2022).

- 〈우주 전쟁War of the Worlds〉, The (1938 radio drama).
  https://en.wikipedia.org/wiki/The_War_of_the_Worlds_(1938_radio_
  drama)#Legacy (accessed 15 January 2022).

4장 | 메타버스 소비자를 만나다

- 엑시 인피니티 알파 가이드(2020).
  https://axie.substack.com/p/axie-infinity-community-alpha-guide (accessed 15 January 2022).

- 2006년부터 2021년까지 미국의 비디오 게이머의 성별 분포
  https://www.statista.com/statistics/232383/gender-split-of-us-computer-and-video-gamers/ (accessed 15 January 2022).

- 2021년 10월 기준 전 세계 소셜 미디어 이용자의 플랫폼별 성별 분포
  https://www.statista.com/statistics/274828/gender-distribution-of-active-social-media-users-worldwide-by-platform/ (accessed 15 January 2022).

- Hawthorne, Mel. (2021). Most Expensive Gaming NFTs Ever Sold - Top 5 Most Valuable Crypto Gaming NFTs.
  https://www.esports.net/news/crypto-gaming/most-expensive-gaming-nft/ (accessed 15 January 2022).

- Herrera, Pedro. 블록체인 사용자 행동 보고서: 게임 관점 (2021).
  https://dappradar.com/blog/blockchain-user-behavior-report-games-perspective (accessed 15 January 2022).

- Nunley, Christian. (2021). 필리핀 사람들은 비디오 게임을 하면서 코로나19 팬데믹 동안 암호화폐를 돈을 벌었다.
  https://www.cnbc.com/2021/05/14/people-in-philippines-earn-cryptocurrency-playing-nft-video-game-axie-infinity.html (accessed 15 January 2022).

- Oramas, Jose. (2022). 엑시 인피니티 게임 방법의 단계별 가이드
  https://cryptopotato.com/how-to-play-axie-inifnity-guide/#play (accessed 15 January 2022).

- Rodriguez, Victoria. (2021). CNBC|Momentive Poll: "당신에게 투자하세요."
  https://www.surveymonkey.com/curiosity/cnbc-invest-in-you-august-2021/ (accessed 15 January 2022).

5장 | 메타버스의 새로운 사업 기회

- Forward, Jordan. (2021). Ubisoft Quartz Is Just NFT Snake Oil.
  https://www.pcgamesn.com/ghost-recon-breakpoint/ubisoft-quartz-nft-games-platform (accessed 15 January 2022).

- Pitofsky, Marina. (2021). "Never Meta Word Idea": Facebook's New Name Gives Critics Fresh Chance to Roast Company.
  https://www.usatoday.com/story/tech/2021/10/28/meta-jokes-facebook-criticism-take-over-twitter-after-name-change/6184894001/ (accessed 15 January 2022).

- Price, Renata. (2021). Ubisoft First Major Pub to Befoul Own Game with NFTs.
  https://kotaku.com/ubisoft-first-major-pub-to-befoul-own-game-with-nfts-1848176813 (accessed 15 January 2022).

- Rappa, Michael. (2011). Managing the Digital Enterprise.
  http://digitalenterprise.org/models/models.html (accessed 15 January 2022).

- Titcomb, James (2021). Mark Zuckerberg Loses Touch with Reality in Facebook in Cringeworthy Metaverse.
  https://www.telegraph.co.uk/technology/2021/10/29/mark-zuckerberg-loses-touch-reality-facebooks-cringeworthy-metaverse/ (accessed 15 January 2022).

6장 | NFT 상용화의 핵심 요소

- Thier, Dave. (2020). A Staggering Number of People Saw Fortnite's Travis Scott "Astronomical" Event.
  https://www.forbes.com/sites/davidthier/2020/04/28/a-staggering-number-of-people-saw-fortnites-travis-scott-astronomical-event/?sh=4c3c18be7b41 (accessed 15 January 2022).

- Welcome to the SK-II City: SK-II Builds Virtual City to Bring Tokyo to the World for the Launch of Its New 'VS' Series. (2021).
  https://www.prnewswire.com/news-releases/welcome-to-the-sk-ii-city-sk-

ii-builds-virtual-city-to-bring-tokyo-to-the-world-for-the-launch-of-its-
new-vs-series-301281743.html (accessed 15 January 2022).

7장 | NFT 파고들기

- EOSIO Case Studies.
  https://eos.io/resource-type/case-studies/ (accessed 15 January 2022).
- McCoy, Kevin. Quantum.
  https://www.sothebys.com/en/buy/auction/2021/natively-digital-a-curated-
  nft-sale-2/quantum (accessed 15 January 2022).

9장 | 내일의 메타버스를 바라보는 관점

- Hanke, John. (2021). The Metaverse Is a Dystopian Nightmare. Let's Build a
  Better Reality.
  https://nianticlabs.com/blog/real-world-metaverse/ (accessed 15 January
  2022).

옮긴이 **권보라**

한양대학교 컴퓨터공학부 졸업 후 삼성SDS에서 다년간 근무하였다. 현재 번역에이전시 엔터스코리아에서 전문 번역가로 활동 중이다. 역서로는 《제품의 언어 : 디지털 세상을 위한 디자인의 법칙》, 《컴퓨터 없이도 술술 깨치는 코딩 원리 : 놀면서 저절로 알게 되는 어린이 코딩 개념》, 《미래를 어떻게 읽을 것인가 : 처음 읽는 미래학 팟캐스트》, 《UX 기획의 기술 : 페르소나와 시나리오 기반의 디자인 프로젝트 관리법》이 있다.

메타노믹스

1판 1쇄 인쇄 2022년 9월 26일
1판 1쇄 발행 2022년 10월 10일

지은이 캐시 해클 · 더크 루스 · 토마소 디 바르톨로
옮긴이 권보라 **감수** 김상균

발행인 양원석 **편집장** 정효진
디자인 신자용, 김미선 **영업마케팅** 양정길, 윤송, 김지현, 정다은, 박윤하

펴낸 곳 ㈜알에이치코리아
주소 서울시 금천구 가산디지털2로 53, 20층 (가산동, 한라시그마밸리)
편집문의 02-6443-8847 **도서문의** 02-6443-8800
홈페이지 http://rhk.co.kr
등록 2004년 1월 15일 제2-3726호

ISBN 978-89-255-7749-4 (03320)